「Craft MAP」(http://www.craftmap.box-i.net/)の白地図を利用して作成

兵庫の祭

旅行ペンクラブ編

東方出版

西宮神社・十日えびす（1月9～11日）

神戸市中央区南京街の春節祭（1月下旬～2月中旬）

養父神社・お走りまつり（4月15・16日に近い土・日曜）

神戸市東灘区・灘区のだんじり祭り（5月上～中旬）

神戸まつり（５月第３金～日曜）

新温泉町海上・海上傘踊り（８月14・15日）

姫路市松原八幡神社・灘のけんか祭り（10月14・15日）

赤穂義士祭（12月14日）

序にかえて

「祭」の字は、白川漢字学によると、月、又、示を組み合わせた形である。上部左が「月」、右が「又」、そして下部に「示」である。「月」は肉、「又」は手、「示」は祭壇（祭卓）を意味する。すなわち、祭壇に生贄《いけにえ》の肉を手で供えて祭るのが「祭」である。

また、「祭礼」という。礼は、もとの字は禮。それをつくる左部の「示」は神を祭るときに使う祭卓の形で、神を表す。すなわち、神に日常生活の豊かさを感謝し、また、祈願する行為が「祭禮」なのであろう。人々はそこで、豊作や豊漁を祈願、感謝し、身の安全、病気の平癒などを願い、祈ったであろう。

前著『大阪の祭』につづく『兵庫の祭』である。兵庫県は広い。日本海と瀬戸内海の二つの海を望み、面積は大阪の四・五倍近くある。地域により気候・風土も大きく異なり、当然のことながら人情にも違いがある。だいいち、地方の交通はますます不便になり、取材に難儀することが予想された。広い兵庫県を但馬、丹波、西播磨、神戸、淡路など十ブロックに分けてバランスを考え、暦を追い、平成十八年早々から取材に入った。以来、足かけ三年、ようやく発刊に至った。

海あり、山あり、平地あり、その変化や広さとおなじように、兵庫県の祭りは風土に深く関わった素朴な祭りからよく知られた神事芸能まで幅広い。本書が兵庫県の人と風土を知る一助となれば幸いである。

旅行ペンクラブ出版委員会

●神仏名・人名・歴史等については、原則として関係社寺の由緒によりますが、一部参考文献によるものもあります。
●交通案内の所要時分は、「約○分」の意味で、おおよその数字を記載しています。
●本書のデータは二〇〇八年二月末現在のものです。その後の変更についてはご容赦下さい。
●本書の刊行にあたり、財団法人ひょうごツーリズム協会には、貴重な資料の借用など、たいへんお世話になりました。また、関係社寺のかたがたには、取材協力・資料提供・内容校正の面で多大なご協力を賜りました。心より厚くお礼を申し上げます。

●目次

夏　67

秋　99

冬　157

正月

1月

1月1日【元朝能　翁の神事】篠山・春日神社

能楽師シテ方による翁

重文の能舞台におひねりが飛ぶ

周囲を山に囲まれた城下町、丹波篠山の大晦日は静かに更けていく。遠くで除夜の鐘が鳴り出す頃、篠山市内の町の氏神〈春日神社〉に三三五五人々が集ってくる。この境内に文久元年（一八六一）に時の藩主、青山忠良建立・寄進の能楽殿（国重文）が往時の姿のまま残っている。

元旦の午前零時二十分から、この能楽殿で行われる「翁の神事」は日本で一番早く演じられる能として知られ、京阪神はもとより全国から訪れる人が多い。

「翁」は奉献能で、観賞無料。境内は地域のグループにより清掃され、寒空に集う人のために、威勢のよい呼びかけと共に伝統の樽酒や婦人会の甘酒などが振る舞われる。時が来ると人々は粛々と能楽殿の前に。天下泰平・五穀豊穣・延命長寿を祈る「翁の神事」は室町時代から演じられた儀式と言われているが、途絶えた一時期をおいて今に引き継がれている。翁を演じるシテ方は丹波猿楽の流れを汲む梅若万三郎家、小鼓は大倉流宗家が毎年勤める。深夜の冷気を震わす笛の音・鼓の響きの中、千歳の露払の舞、そして和やかな笑みを湛えた面《おもて》を着けた神である翁が舞う頃、此処ならではの事が起きる。群集の中から「おひねり」が舞台に向かって飛ぶ。咳ひとつ遠慮する室内の能楽堂では考えられない。土地の人は知っているが他所から来た観客は初めは戸惑うのだが、いつしか自分達も混じって「おひねり」を投げている。誰がいつから始めたのか誰も知らない。識者の話では能の原形の一つである猿楽の頃、神に向かう気持ちが素朴な形として続いているのだという。

能面からの視界は狭いので躓《つまず》いたりしないかとはらはらするが、舞台ではさらりと避けて舞う。能が終わった後の舞台は一面、白い紙礫《かみつぶて》。この能楽殿は建てられてから百五十年ほどで、時代的にはさほど古いとは言えないが、この時代のもので完全に残っているものは全国的に珍しい。しかも棟札には当時のあらゆる職人の名が記録されている。

「翁の神事」は一時間足らずで終わり、人々は知らぬ者同志も互いに新年の挨拶を交わし、車に宿にと別れていく。平成の初め頃までは近くの店もほとんど閉めており、喫茶店を探すのにも苦労したが、近頃は商店の協力もあって温かな飲み物やおでんを出すところも増えた。遠方からの人たちには夜中の一時過ぎまで開けておいてくれる宿も多く、予約の時に頼むとよい。また神社の傍の集会所が開かれており、福知山線の始発までの時間待ちができる。

春日神社で行われる能は、雪（元朝能）月（秋の夜能）花（桜の春日能）と篠山の三大能と言われたが、現在は秋の能はなく再興を望む声が高い。春の春日能は、大体四月の第二土曜日の昼に演じられ、境内の桜が美しい。能楽殿傍《そば》の桜の大樹の下、能・狂言が行われ、舞台に、地謡の肩に、花びらが散りかかる風景は一見に値する。春能は各流の名ある能楽師の出演で見所《けんしょ》も満席になる（春能は有料）。（小山美）

寒夜も何のその、能楽殿に集う人々

◇所在地/篠山市黒岡二階町
電話079-552-5792（教育委員会社会教育・文化財課）
◇交通/ＪＲ福知山線篠山口駅からバス15分、春日神社前下車すぐ
◇時間/午前０時20分頃～

1月1日【初詣で】尼崎市寺町

除夜の鐘を撞く人々が列をつくって並ぶ（本興寺鐘楼前にて）

街中の静寂、寺町の正月

尼崎市寺町の新年は、本興寺《ほんこうじ》と全昌寺《ぜんしょうじ》の除夜の鐘で明ける。本興寺では暦が元日に変わる夜半、本堂で新年の読経を終えた僧たちが、鐘楼堂に入って除夜の鐘を撞き始める。広い境内はいつの間にか数百人の人出になり、門外まであふれた人たちが、僧に続いて福鐘を撞き続けるのである。鐘は百八を超えて鳴り響き、赤々と焚き木が燃えた境内では甘酒がふるまわれ、また売店も出て、あちこちで「おめでとう」の声も聞こえて来て、寒空を吹き飛ばす賑わいとなる。

寺町は、元和三年（一六一七）、尼崎藩主戸田氏鉄が尼崎城を現在の北・南城内に構築するに際し、予定敷地内や周辺の寺院を、城の西側に政策的に集めた地域である。

三重の堀、四重の天守閣を構えた尼崎城は、海上から見ると水に浮かぶように見えた美しさから、琴浦城と呼ばれていたと伝えられる。時の変遷で、尼崎城はすでにないが、寺町には現在も、約四百平方メートルの土地に、十一の由緒ある寺院が甍《いらか》を連ねて、江戸時代の面影を今に残している。

築城時の政策とは、寺院を町場から分離して宗門の力を弱め、また巨大建築物を集めて、城防衛の役割を持たせるためと想像される。

阪神電車尼崎駅から近く、繁華街にほぼ隣接しているのに寺町（一部開明町）の佇まいは、寺院の立派な塀や門、石畳の道路など整備され、三重宝塔（法華宗・本興寺）や、多宝塔（日蓮宗・長遠寺）、朱塗りの門（浄土宗・専念寺）等のほか、大伽藍の高く大きな瓦屋根がそびえていて、室町・桃山時代の建物は、都会の中の奇跡のような静寂を醸し出している。

ほかに浄土宗・如来院、律宗・大覚寺、浄土宗・法園寺、浄土宗・甘露寺、臨済宗・広徳寺、時宗・善通寺、浄土宗・常楽寺、曹洞宗・全昌寺の、個性ある寺院が並んでいる。

寺町には本興寺の木造日隆上人座像、開山堂、三光堂、方丈、太刀数珠丸、それに、長遠寺の本堂、多宝塔と、七件の国の指定文化財があり、県・市の指定文化財も合計十六件あって、文化財の宝庫である。

ここには、様々な伝説や物語が豊富にある。本興寺には興隆学林という、お坊さんの学校があり、全昌寺は尼崎城主戸田家の菩提寺である。広徳寺は豊臣秀吉にまつわる伝説がある。本能寺の変で、西国遠征から急遽とって返した秀吉が、明智側軍勢に襲われ、この寺に逃げ込みミソすりの僧にまぎれて難を逃れたと伝えられている。専念寺の赤門は、平重盛の菩提所で、朝廷から山門を赤くする認可を得たと伝えられている。如来院には、極楽浄土に往生することを願って、神崎川に入水した五人の遊女の髪が祀られている。

一帯は都市美形成地域に指定されていて、寺町地域散策道が手づくり故郷賞を受賞、阪神・淡路百名所に指定されている。どの寺院も震災ではかなりの被害を受けたが、ほとんどの修理を終えている。（瀬戸）

普段は静かな寺町の佇まい

◇所在地/尼崎市寺町一帯
電話06-6411-3217（本興寺）
◇交通/阪神本線尼崎駅から南西へ徒歩すぐ
◇時間/午前0時頃～

1月1〜3日【三社まいり】生田・長田・湊川神社

“楠公さん”の呼び名で親しまれる湊川神社。「願い事すべてかなう」と大賑わい

神戸の迎春は三社巡拝でスタート

神戸の新年は「三社まいり」で明けると言える。

神戸三社とは、生田神社、長田神社、そして湊川神社。この三つを巡拝することで新しい年の特別のご利益が得られると、善男善女が手を合わせて巡る。

神戸三社まいりの歴史ははっきりしない。しかし、三社の一つ、湊川神社が別格官幣社《かんぺいしゃ》として創建されたのが明治五年（一八七二）だから、それ以降であることは間違いない。「地元の活性化を図ろうと当時の商店主らが知恵を寄せ合って始めたと見ています」とある神社の宮司。創建間もない同七年の新聞に「社内には見せ物、其他浄瑠璃、講談、昔咄等の小家美麗にて、花樹森列し、景色甚だ良し」と報じられているところからみても、賑わいづくりの演出家がいたらしいが、近年の電鉄会社の仕掛けもあるようだ。

三つの神社、どこからどう回るかは各自の自由だが、神戸の地名の起こりに関係する生田神社＝「生田はん」からスタートするのが無難なところ。

お正月には門松が付き物だが、生田神社では門松の代わりに杉飾りが立てられている。生田神社が現在の場所に祀られる以前は、新幹線・新神戸駅北の布引山の砂山《いさごやま》というところに祀られていたが、ある時の洪水で崩壊の恐れが出たため、村人がご神体を現在地の生田の森に移した。移転前の社の周囲には松の木が植えられていたのに洪水を防ぐ役目を果たさなかった故事にちなみ生田の森には松は一本も植えられず、門松も閉め出され、杉飾りになったと伝えられている。

それはともかく、生田神社で縁結び、健康長寿を願った次は、同じく摂津で最古参組である長田神社へ回るのが順当。三社は神戸高速鉄道や神戸市営地下鉄西神・山手線、さらにはJR東海道線で一本につながっているから便利。

長田神社は「官幣中社」で、古くから皇室や武門の崇敬を集めてきた。東の生田神社と並ぶ神戸の鎮守で、拝殿、幣殿、本殿の三殿が連なった構造で、柱はすべて朱塗り。祭神は事代主神《ことしろぬしのかみ》。えびす神や福の神としても親しまれることから、願い事は商売繁盛、開運招福、そして厄よけ。あらゆる産業の守護神ともいわれる。年間の祭礼は多く、節分の追儺《ついな》式のほか四月の眼鏡感謝祭、五月の商工祭も広く知られている。

三社目は「楠公《なんこう》さん」の湊川神社。兵庫湊川の戦いで足利方の大軍を一手に引き受けて戦い、壮烈な戦死を遂げた楠木正成（大楠公）が祭神。当初、墓は荒廃していたが、江戸時代に尼崎藩主が墓を修復して松と梅を植え、また五輪塔を建て、のちにその場所に、水戸光圀が自筆の「嗚呼《ああ》忠臣《ちゅうしん》楠子《なんし》之墓《のはか》」の墓碑（国史跡）を建立、大楠公の知名度は全国区となった。

大楠公の幼名「多聞」は、毘沙門天の別名ということから、願い事すべてがかなうと信仰を集めている。（小森）

生田神社は門松代わりに大きな杉飾りが立てられている

◇所在地/生田神社　神戸市中央区下山手通1−2−1　電話078-321-3851
長田神社　神戸市長田区長田町3−1−1　電話078-691-0333
湊川神社　神戸市中央区多聞通3−1−1　電話078-371-0001
◇交通/生田神社＝JR三ノ宮駅・阪急三宮駅・阪神三宮駅から徒歩３分
長田神社＝地下鉄西神・山手線長田駅から徒歩６分
湊川神社＝地下鉄西神・山手線大倉山駅から徒歩５分、神戸高速鉄道高速神戸駅からすぐ

1月1〜3日【元旦祭】伊弉諾《いざなぎ》神宮

島民がこぞって初詣。一年の始まりは淡路国一宮で

地元では「いっくさん」と尊称されている伊弉諾神社。『古事記』『日本書紀』によると、国生みのためのすべての神功を成し遂げた伊弉諾大神《いざなぎのおおかみ》が御子神《みこがみ》なる天照大神《あまてらすおおみかみ》に、国を統治する大業を委譲され、最初にお生みになられた淡路島の地に「幽宮《かくりみや》」を構えて余生を過ごされたと記されている。

このように、日本最古の神社として全国に知られるだけに、島民の信仰も厚く、事あるごとに参拝に訪れる。正月三が日の初詣は十五〜十六万人が訪れるという。この人数は淡路島の全人口に匹敵するそうだ。

新年を待ちわびた人が境内にあふれ、「明けましておめでとう」の太鼓の合図とともに、巫女さんから縁起物やお守りを授かろうと群がっていく。午前五時からの歳旦祭では、けがれを祓い清めるという、淡路神楽の扇鈴の舞、御幣の舞が奉納される。午前九時から午後四時までは、新年の初祈祷を受け付けていて、申し込んだ参拝者には拝殿で神楽の舞を披露してくれる。

境内にある樹齢九百年の県指定天然記念物「夫婦大楠」も忘れずにみておきたい。高さ三十メートル、幹周りが八・五メートルもあり、二本の木の根が合わさって一株に成長した珍しい木だ。参道には多くの露店が軒を連ね、ピンス焼（ベビーカステラ）や甘栗の香ばしい匂いが漂ってくる。初詣をして、ピンス焼を買って帰るのが、淡路っ子の正月の楽しみだという。伊弉諾神宮では、この元旦祭を最初に一月十五日には平安時代から伝わる伝統的神事「粥占祭《よねうらさい》」がある。三本の竹筒から流れる粥《かゆ》の伸び具合で、その年の五穀の豊凶を占う。四月二十〜二十二日には淡路島の春祭りを代表する例祭が盛大に行われる。（山本）

人であふれる初詣風景

◇所在地/淡路市多賀740
電話0799-80-5001
◇交通/津名港バスターミナルから淡路交通バス「西浦線岩屋」行きで神宮前下車
◇時間/1月1日未明〜

1月2日【有馬温泉入初式】 温泉寺～有馬小学校講堂

神・仏両式により行われる入初式。左は初湯で沐浴した行基・仁西両上人の像

有馬温泉の大恩人に感謝する神仏習合の伝統行事

神戸の繁華街から電車を乗り継いで三十分余り。有馬温泉駅の改札を抜け、有馬川沿いに坂道を数分登ると、右手に有馬の湯を愛した太閤秀吉の像、左手の橋のたもとに妻のねね像が見えてくる。バス乗り場などがある温泉街の中心地から湯本坂を行くと外湯や足湯、土産店や飲食店が軒を連ね、路地を入れば、もうもうと湯煙を上げる泉源も。有馬名物の〝金泉〟は鉄分とナトリウムを多く含む赤茶色の湯で、皮膚病などに効能があるという。〝銀泉〟と呼ばれる無色透明のラジウム泉や炭酸泉も湧き、楽しみ多い湯の町だ。

有馬温泉は、神代の昔、大巳貴命《おおなむちのみこと》と少彦名命《すくなひこなのみこと》によって発見されたと伝えられている。神亀元年（七二四）、薬師如来に導かれて有馬を訪れた行基《ぎょうき》菩薩が温泉寺を建立して町は繁栄したが、その後、六甲山の水害などに見舞われて壊滅状態に。そこに現れた仁西上人が薬師如来の十二神将にちなんで十二の宿坊を設け、有馬は再び温泉の町として復活した。そんな有馬の開祖ともいうべき行基と中興の祖である仁西《にんさい》、温泉を発見した神々に感謝し、温泉町の繁栄を願う新年恒例の行事が「入初式」。江戸時代から約三百年続き、平成十八年（二〇〇六）三月に神戸市の地域無形民俗文化財に指定された。

一月二日午前十時、温泉寺に神職や僧侶、旅館関係者や子ども達が集まり、まずは「年のはじめ」を高らかに大合唱。その後、湯泉神社の大巳貴命、少彦名命などのご神体を金の神輿に、温泉寺の行基・仁西両上人の像を木造の神輿にそれぞれ乗せて、約七十人による練り行列が出発。目指すは式の会場となる有馬小学校講堂だ。

午前十時四十分頃、大勢の見物客が見守る中、いよいよ開式の辞。祝詞奉上や玉串奉納などに続いて、有馬芸妓扮する白衣赤袴姿の湯女が登場。「よーいと（良い湯の意味）」と声をかけながら、木桶にたぎる初湯を櫂《かい》でかき混ぜる「湯もみ」が行われる。湯もみによって適温に冷やされた初湯は、温泉寺の行事「潅仏」として、行基、仁西両上人の像に丁寧に注がれる。白い湯気に包まれ、沐浴する上人の木像はなんとも気持ち良さそうだ。神式と仏式の行事が終わると、今度は着物姿の有馬芸妓たちが「枝も栄ゆるわか緑……、めでたしめでたし、打ちましょもひとつ祝うて打ちましょ」と入初式の歌と踊りを艶やかに披露。床に撒いた米を若松でかき寄せる「祓行事」へと続く。

さて、講堂での式次第をすべて終えた後、再び輿は温泉寺へ。帰路の途中、温泉街の中心地では「戻せ～、返せ～」という声が響き渡る。帰ろうとする両上人を、湯女や芸妓たちが「どうぞ戻ってきてください」と呼びかけるもので、輿は、進んでは戻り、戻ってはまた進み……。慈悲深い上人を敬い慕う町の人たちの健気な心情がうかがえる光景だ。

かくして輿は去り、入初式は終焉へ。見物客はいそいそと初風呂へ繰り出し、温泉の町はいよいよ華やぐ。（木村）

湯女による「湯もみ」は華やか

◇所在地/神戸市北区有馬町　温泉街一帯
電話078-904-3450（有馬温泉観光協会）
◇交通/神戸電鉄有馬線有馬温泉駅から徒歩15分
◇時間/午前10時～正午頃

1月5日【修正会《しゅしょうえ》鬼追い式】多聞寺《たもんじ》

三人の鬼が主役の追儺《ついな》式

厄除けと五穀豊穣を願う修正会鬼追いの起源は不明だが、多聞寺所蔵の「寛政七年（一七九五）記録行事」に、塔頭が郡代所へ提出した、鬼追いを昼間に変更してほしいという願書の写しが残っており、往時がしのばれる。

天台宗吉祥山多聞寺は、清和天皇の勅命により滋覚大師が貞観二年（八六〇）、毘沙門天を本尊として創建した古刹。現在では周辺は住宅地になっているが、最盛期には塔頭二十三坊を有し、仁王門は本堂の南四百メートルにあったというから昔の広さが想像できる。天正六年（一五七八）、豊臣秀吉が三木城を攻める際、二十坊が焼かれるなど幾度も兵火にあい、正徳二年（一七一二）に再建された。

阿弥陀堂に安置されている阿弥陀如来座像および本堂の日光、月光菩薩像はいずれも国指定重要文化財である。

鬼追い式は、本堂回廊前に特設舞台を張り出して、その両端のかがり火や松明が燃え盛るなか始まる。

本堂で十人の出仕僧の行が終わると、太鼓と半鐘が打ち鳴らされ、緑色衣装のババ鬼＝不動明王が右手に松明、左手に剣を持って現れる。続く太郎鬼は茶の衣装で左手に槌を持つ毘沙門天。最後に登場する赤い衣装の次郎鬼は左手に斧を持つ観音菩薩。それぞれの面をつけ、右手に松明を持つ鬼たちは追われるどころか、厄除けの伝統を継承して舞台狭しと大きく舞い踊るのである。小学校高学年の子鬼四人の踊りを挟み、三人の鬼は太鼓、半鐘、ほら貝に合わせて「ヨオ」「チョーレ」の掛け声を発しながら舞台と鬼部屋を行き交う。

やがて境内に群がる人々が待ちに待った餅撒きに。これを五回も繰り返し、最後に撒かれる紅白のハナを奪い合って境内の熱気は最高潮になる。（三浦）

主役の鬼が餅撒き

◇所在地/神戸市垂水区多聞台２－２－75
電話078-782-4445
◇交通/ＪＲ山陽本線舞子駅から神戸市営・山陽バス多聞寺前下車すぐ
◇時間/午後２時～

1月7日【追儺会】太山寺

東播の新春を彩る勇壮な鬼踊り

播磨路に新春を告げる追儺《ついな》式（鬼踊り）は、正月から各社寺で順次行われ、太山寺のそれは一月七日の午後二時から約一時間。場所によって多少趣向は異なるが、ほぼ共通しているのは節分と違い〝仏を護る鬼〟が踊る、ということ。

室町中期の建立で重要文化財の仁王門をくぐり小雪がちらつく参道を歩くと、すぐ左手に短い石段が。上がると中門越しに鬼踊りの舞台となる国宝の本堂（鎌倉時代再建）が見えてくる。普段は入山料が要るのだが、この日は無料。

桜や紅葉の名所として知られる太山寺は、天延元年（九七三）十二月八日の年紀を持つ「播州太山寺縁紀」に、藤原鎌足の子・定恵和尚の開山で、霊亀二年（七一六）鎌足の孫・宇合の建立と伝えている。当時は元正天皇（在位七一五～七二四）の勅願寺として広く信仰を集め、南北朝時代には支院四十一坊、末寺八寺、末社六社を数え僧兵も養っていた巨刹。その後、世相の有為転変や戦火などで、今では五坊を残すのみだが、千三百年の法灯を守り続ける天台宗の名刹として、四季を通じ訪れる人は多い。

追儺式は本堂で、午後一時半からの修正会法要の後、二時過ぎに始まった。まず子どもたちの「子鬼」が太鼓に合わせ棒を打ち合う厄払いの所作をし、続いて「走り鬼」が松明を手に登場して外陣を走り回る。子鬼の合の手を挟み今度は三匹の鬼が、それぞれ松明と槌《つち》、鉞《まさかり》、棍棒、木刀を持ち、太鼓の音に合わせて踊る。途中、火が飛び散って水を掛ける一幕も。子鬼を合間に走り鬼と三つ鬼が繰り返された後、三たび三匹の鬼が出て餅を切る正月らしい所作があり、ラストは三匹が豪快に踊り回る「廻り」で締めくくる。

約一時間の火祭は、参列者に厄除の小餅を撒いて終わる。

（吉田）

3匹の鬼が松明を持って踊り回る

◇所在地/神戸市西区伊川谷町前開224
電話078-976-6658
◇交通/地下鉄西神・山手線名谷駅または伊川谷駅からバス太山寺下車すぐ
◇時間/午後1時30分～4時頃

1月8日【修正会《しゅしょうえ》・鬼追い】鶴林寺
「どいやしょう」で鬼払い

加古川鶴林寺の修正会は、加古川謡曲同好会の、謡曲「安田吉道」から始まる。

シテ方、地方、朗々とした謡曲が、約一時間本堂に流れ、午後二時、法要の行事が始まる。導師が手にする「鬼の花」と呼ばれる三把の稲穂は、早稲《わせ》、中稲《なかて》、晩稲《おくて》とみなされ、その垂れ具合で、その年の作柄を占う。

さらに十二個（閏年は十三個）の灯明がある。一年十二カ月をあらわし、明るい月は晴れの日が多く、暗くなるに従って雨の日が多くなると、言われている。この修正会は、旧年の悪い行いを反省し、その年の吉祥を祈る、薬師悔過《やくしけか》法要なのである。

導師、大導師による悔過法要が終わると、いよいよ「鬼追い」の始まり。本堂の、薬師如来、日光、月光菩薩の裏側から、床を杖で突き鳴らす音と共に、ゆっくり四股《しこ》を踏みながら、赤鬼青鬼が現れる。白木綿をよじり合わせた大きな鬼綱を締め、阿《あ》相の面を付け、左手に斧、右手に松明を持った赤鬼が、吽《うん》相の面に木製の矛を手にした青鬼を従えての登場である。機せずして、人々の口から「どいやしょう」の掛け声。声が小さいと、鬼は本性を現し、参詣者の中に飛び込み暴れまわる。

これを何度か繰り返し、やがて鬼たちは、仏の力で改心し、最後は、厄を祓い、災難を落とす、との意味でつりさげられた丸餅「厄」をつついて落とすのである。尾上小学校の生徒たちの子鬼の活躍も見逃せない。

鶴林寺は、養老二年（七一八）聖徳太子の遺徳を顕彰して、七堂伽藍が建立され、九世紀初め、慈覚大師円仁《えんにん》が薬師如来を刻した、とされる。本堂は国宝指定。（小山乃）

暴れまわる鬼

◇所在地/加古川市加古川町北在家424
電話0794-54-7053（幹栄盛住職）
◇交通/ＪＲ山陽本線加古川駅から神姫バス鶴林寺下車徒歩５分、または山陽電鉄尾上の松駅から徒歩20分
◇時間/午後１時～

1月8日【田遊びと鬼追い】東光寺

古式ゆかしい農作業と勇ましい鬼の姿

その名も「福太郎」と「福次郎」。その年四十二歳と六十一歳の厄男二人が、おめでたい名前の男に扮し、黒い面にかみしも、えぼし姿で、それぞれ介添人を伴って、夕闇の中の拝殿に登場。田主の前で、狂言風に、「福太郎殿、打ちたまえ」「まこうよまこうよ、福の種をまこうよ」などの掛け声に合わせ、手に持った鍬などで田起こし、苗代つくり、稲の種まき、田植え、そして収穫までの所作を古式ゆかしく演じ、五穀豊穣を祈る……。そんなユニークな祭りが、東光寺の「田遊び」だ。クライマックスは種まきの仕草。大量の新米を舞台裏から境内の参拝客に撒きおろすシーンは圧巻だ。

田遊びが終わると、待ち構えていた「小鬼」こと地元の子どもたちが拝殿に上がり、二人一組になって棒を交互に打ち合う「棒打ち」を行って、〝鬼の出〟を待つ。

そして、いよいよ松明《たいまつ》を振りかざした赤鬼、鉾を手に持った青鬼が登場。赤鬼、青鬼とも薬師如来の化身だそうだ。子どもたちが「鬼こそ、鬼よい」とはやしたてると、鬼たちは荒ぶり、松明を柱にたたきつけて舞台狭しと激しく動き回る。悪霊と災難を追い払い、「無病息災」を願う「鬼追い」儀式は勇壮だ。

鬼追いは、舞台左右の入口から、各六回ずつ、計十二回鬼が出るが、最後に、鬼が舞台から退場するや否や、参拝客が一斉に舞台にかけあがる。目的は、鬼が残していった十二個の「鬼の花」。これを持ち帰った者に幸運が訪れるとあって、猛烈な花の取り合いが繰り広げられるのも見もの。

東光寺は、白雉《はくち》二年（六五一）創建の万願寺をルーツにする古刹で、田遊び・鬼追いは、室町末期頃には既にあったとされている。国指定無形民俗文化財。（井上）

厄男２人が五穀豊穣を祈る

◇所在地/加西市上万願寺町
電話0790-42-8823（加西市観光まちづくり協会）
◇交通/北条鉄道北条町駅からタクシー20分
◇時間/午後７時～

1月上旬日曜【全国凧あげ祭り】姫路公園競馬場

新春の播磨路に活気を呼ぶ

会場が近くなるにつれ、冬の青空にすでに凧が舞っているのが遠目に見えてきた。いやがうえにも気持ちが昂《たかぶ》る。

新春の播磨路でこの祭りを始めたのは、香寺《こうでら》町にある「日本玩具博物館」の井上重義館長で、昭和五十年（一九七五）にスタートした。当時はゲリラカイト（アメリカ生まれのビニール製三角凧）が大流行で、「和凧の危機」を感じた館長が伝統凧の良さを知ってもらおうと試みた。

当初は「井上郷土玩具館の凧あげ」と言い、博物館前の田んぼで行っていた。参加者も百人余りの少人数だったが、回を追うごとに数が増え、第十一回と十二回は龍野市の揖保川河川敷で行った。第十三回からは、姫路市の協力を得て現在地で行うようになった。今では名物凧や伝統凧など全国から約八百点が参加する。

この年、姫路市役所に飾られていた「福助の大凧」（十畳）をはじめ、全国唯一の城凧を揚げる「姫路城凧」、足が百本、全長三十五メートルの「ムカデ凧」も参加。伝統凧では、長崎県のバラモン凧、二十四畳・全長十二メートルの山口県見島の「鬼ようず」、香川県の釣鐘凧、巨大なエイが泳ぐようで壮観な「鳴門のわんわん凧」、新潟県の六角凧、青森の津軽凧ほか、日本を代表する凧が集まった。

日本の凧の歴史は古く、承平《しょうへい》年間（九三一～九三八）の『倭名類聚抄《わみょうるいじゅしょう》』に「紙老鴟《しろうし》、鴟《とび》の形でよく飛ぶ。紙鳶《しえん》とも云う」とある。紙鳶は凧のことで、室町期になってイカノボリ、イカなどと呼ばれるようになった。戦国時代には武士に戦具として使われ、江戸時代になると町民が凧揚げに興じるようになった。現在も凧の愛好者は多く、全国各地の凧揚げ大会は大小合わせて年五十回以上にのぼる。（小嶋）

大空に舞い上がった福助の大凧

◇所在地/姫路市広峰２－７姫路競馬場
電話079-232-4388（日本玩具博物館）
◇交通/ＪＲ山陽本線・山陽電鉄姫路駅からバス15分競馬場前下車すぐ
◇時間/午前10時30分～午後３時、雨天中止

1月9〜11日【十日えびす】西宮神社

福笹を求める参拝客

鎌倉時代から続く戎信仰の総本社

年の始めに家内安全や繁栄を願う「十日えびす」の歴史は古く鎌倉時代に遡る。その原点は御狩《みかり》神事といわれ、祭典の前に忌籠《いごもり》をして心身を清めたことが、正元年間（一二五九〜六〇年）の古文書に見られる。西宮神社そのものの創建は明らかではないが、平安時代に〝えびす〟の名が記され、延文六年（一三六一）には門前が「夷《えびす》三郎殿の浜の市」として賑わい、西宮の地名の由来にもなっている。

祭神は、第一殿がえびす大神（蛭子命《ひるこのみこと》）、第二殿に天照《あまてらす》大御神《おおみかみ》と大国主《おおくにぬし》大神、第三殿は須佐之男《すさのお》大神。蛭子は『古事記』では伊弉諾《いざなぎ》・伊弉冉《いざなみ》二神の第一子とされ、中世以降に恵比須（戎・夷）として尊崇されるようになる。特に室町時代には、七福神信仰によって恵比須が福の神の代表となり、西宮神社（蛭子神社）が戎信仰の本拠として京・大阪や東北から九州まで、各地の神社に勧請されると共に、人形操や謡曲、狂言などの芸能を通して全国に信仰が広まって行った。

関西では〝えべっさん〟の名で親しまれているえびす様はもともとは漁業の神だったが、江戸時代に上方の商業の発達に伴い、福の神から商売繁盛の神として人気を集めるようになる。その一方農村では山の神や田の神といった〝農耕神〟に。また、市の神としての顔もあり、戎神社の祭礼が十日や二十日に多いのは、昔の定期市の名残とも言われている。

西宮神社の十日えびすを前に、八日、「大マグロ奉納式」が行われる。午前九時、神戸市東部水産物卸売協同組合などから約三百キログラムと特大の本マグロが奉納され、招福マグロとして祭りの間、拝殿に飾られる。最近は、このマグロに硬貨を張り付けて願を掛ける人も多い。

翌九日は宵えびすで、午後二時から「有馬温泉献湯式」が。有馬から角樽に詰めて運ばれた名湯の金泉を桶に移し、湯女に扮した芸妓衆が太鼓の囃子に合わせて湯もみを行い、適温になった湯を神前に奉納する。四時から「宵宮祭」。そして深夜十二時になると、すべての神門が閉ざされて、忌籠神事の後、十日の午前四時から「十日えびす大祭」が、身を清めた神職によって奉仕される。

十日の本えびす恒例は、開門神事の「福男選び」。九日深夜に閉じられた表大門が午前六時に開かれると、待ち構えた参拝者が一斉に、約二百メートル先の本殿へ一番参りを競う。

そして十一日は残り福。十、十一日とも早朝から深夜の二時、三時まで、縁起物を付けた福笹（千円、三千円）や、名物の熊手や福箕《み》の吉兆を求める人々で賑わう。三日間の参拝者は例年百万人を超え、露店の数は約八百店。

昔の端唄に「十日えびすの売物は、はぜ袋に取鉢銭かます、小判に金函立烏帽子、米箱繊槌《せんづち》束ね熨斗《のし》、お笹をかたげて千鳥足」と唄われた吉兆は、福笹や福箕、福さらえ（熊手）などに付ける縁起物。もともと海の神だったえびす様だけに、鯛や鮑熨斗《あわびのし》の〝海の幸〟をはじめ、大判小判など〝商いの幸〟、米俵などの〝山・里の幸〟が並ぶ。（吉田）

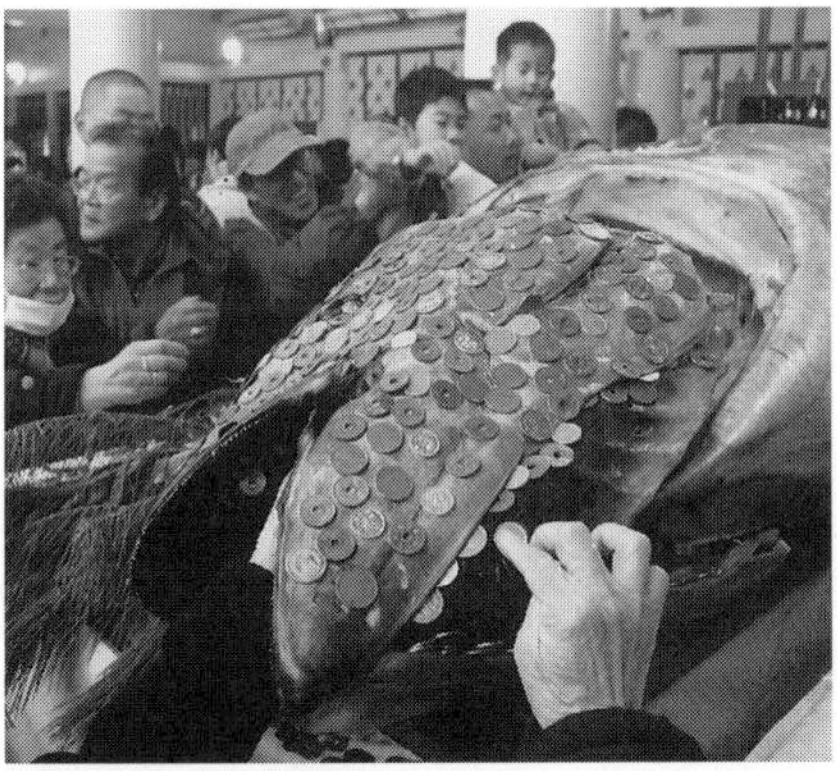
奉納された大マグロにコインを張り付ける

◇所在地/西宮市社家町1−17
電話0798-33-0321
◇交通/阪神本線西宮駅から徒歩5分
◇時間/9日午前8時〜午後12時
10日午前6時〜翌午前2時頃
11日午前8時〜翌午前2時頃

1月14日【翁舞神事】車《くるま》大歳《おおとし》神社

氏子が支え三百年、連綿と続く生活文化

神戸・長田から三木へ続く県道二十二号線（三木街道）沿いに残る古い集落、車松ケ原にある車大歳神社は、大化二年（六四六）に創建されたとも、応永四年（一三九七）六月十九日摂津国八部郡丹生郷より遷座されたとも伝わる古社である。祭神は、五穀豊穣守護の大歳《おおとし》御《み》祖神《おやのかみ》。前年の実りを感謝し、その年の豊作を祈願し、三百年前から守り伝えてきた「翁舞」が、毎年一月十四日に奉納される。

当日、最寄駅に降りても、祭りの案内はなく、知る人ぞ知る神事のようだが、この舞いは国指定重要無形民俗文化財に指定されている。神事を支えるのも、演じるのも、地元の氏子である保存会の会員たち。かつて農村だったこの地の生活文化がうかがえる、希少価値のある祭りだ。地元では「お面式」「お面の行事」などとも呼ばれている。

現在、この祭りを伝承・保存にあたるのは、地元氏子三十三軒で構成する「車大歳神社翁舞保存会」。持ち回りで神事を営む「ヤド」を務める。毎年一月八日から十二日までの五日間、ヤドでは、ご神体に見立てた一本のろうそくを灯し、やはり持ち回りで担う翁、三番叟、露払いの各役や笛、太鼓、小鼓、地謡などがそこに集まり、稽古に励む。

十四日の午前、神前で、この神事に奉仕する人らがお祓いを受けた上で、本殿に御神体として祀られている神面三面（翁・三番叟・父尉《ちちのじょう》）を受け、行列を組んでヤドに持ち帰

江戸初期の形式そのままに、舞いは4部構成で行われる

る。そして、午後六時頃、装束を整えた人たちがヤドで、最後の稽古の舞いを行った後、再び行列を整え、提灯で足元を照らしながら、面の入った箱を先頭に神社に向かって参進する。そして、舞殿で、宮司からお祓い、お神酒を受けた後、午後七時頃からがいよいよクライマックスだ。

笛二管と小鼓三丁の演奏が始まって、大夫の「とうとうたらり」の謡。演者らは皆、プロではないが、練習を積んでいることがありありと見える。「よーほん、はいーいや」という気合いの入った掛け声を聞くうちに、能の世界に引き込まれていくこと必至。続いて、少年が演じる三番叟、露払い、翁舞大夫が父尉の面をかけて舞う父尉の舞いと続く。この「露払い」「翁」「三番叟」「父慰」という四部構成の舞いは、江戸時代初期の形をそのまま伝える、全国でも珍しい形式であることが最大の特徴だ。現在の能楽の「翁」ではほとんど登場しなくなった「父慰」が登場するのである。

合計一時間ほど。真冬の夜の野外での見学で冷えた体は、境内に組まれた焚き火で暖をとり、地元の人たちが振る舞う甘酒をいただいて帰途につく。面をはずした演者を、「お父さんおつかれさん」と囲む光景が微笑ましく、昔の祭礼、民俗芸能とはこのように地域密着のものだったのだ、としみじみする。（井上）

稽古を積んだ地元の少年が演じる「三番叟」

◇所在地/神戸市須磨区車松ケ原551
電話078-361-3450（車大歳神社は無人のため祇園神社へ）
◇交通/神戸市営地下鉄妙法寺駅から徒歩13分
◇時間/宮入り午後７時〜

1月18日【鬼追い会式（圓教寺修正会）】
書寫山圓教寺《しょしゃざんえんぎょうじ》

山の守護神、赤鬼と青鬼が舞踏祈願

姫路市北西部に、平安時代、性空《しょうくう》上人によって開かれた書寫山圓教寺は、西国三十三霊場の第二十七番札所。「西の比叡山」と呼ばれ、天台宗の三大道場の一つとして、標高三七一メートルの山内を境内に数多くの堂塔伽藍が点在している。祈りの山らしい独特の空気を感じずにはいられない。

開祖・性空上人の没後間もなく始められたと伝わる「鬼追い会式」は、前年を反省し、新たな年の天下泰平、五穀豊穣を祈願するための正月の法要、修正会である。赤鬼と青鬼が鬼踊りを舞い、その年の厄払いをする……という形式だが、鬼が暴れて子どもを泣かせるパターンと思いきや、さにあらず。赤鬼は毘沙門天の化身、青鬼は乙天《おとてん》護法（不動明王の化身）で、山の守護神だという。鬼でない証拠にどちらにも角がない。鬼追い会式は、年頭の初観音縁日に守護神自らが姿を現し、祈願を行うという祭事である。

午後一時に、圓教寺長吏をはじめ山内の住職ら十九人の先導で、二人の鬼は塔頭十妙院から白山権現へ出発。白山権現の拝殿で四十分ほど舞い、その後、魔尼殿（本殿）へ移動し、導師による修法が終わった後、扉が締められた暗闇の魔尼殿で再び舞う。暗闇にするのは、従来は十七日夜から十八日にかけて夜に観音講が行われていたことに因む。

赤鬼は右手で鈴を鳴らし、左手に松明を持ち、背には槌をさしている。青鬼は不動明王の降魔の剣を持っている。鬼係の打ち鳴らす半鐘の音に併せて、ゆっくりと堂内を巡り、舞踏祈願する姿は迫力があるが、同時にどこかユーモラスだ。

魔尼殿での舞いは約一時間。終わると般若心経が読経され、入堂時と同じように十妙院まで列をなして戻る。（井上）

書寫山の清々しい空気の中で行われる

◇所在地/姫路市書写2968
電話079-266-3327
◇交通/ＪＲ・山陽電鉄姫路駅から神姫バス15分、書写ロープウェイ下車。書写駅からロープウェイ４分、山上駅から徒歩20分
◇時間/午後１時～３時30分

1月18・19日【厄除け大祭】門戸厄神（東光寺）

弘法大師ゆかりの厄除け祈願の寺

厄とは人生の節目に区切りをうながす古人の知恵。厄は生命力の消長の波の底の時期であり、忍耐を必要とする時である。また、次の発展へ力を蓄える充電の時期で、腰を落ち着けて生き様を反省する時でもある。厄年は、そのような心の緊張感を自ら省みる節目という、古人の生活の知恵である。

東光寺は、弘法大師の開基で、ご本尊は薬師如来。東光寺という名は薬師如来のすむ浄土、東方浄瑠璃世界から光を発せられる寺という意味で名付けられた。しかし、厄除け祈願の寺として広く親しまれ、「門戸厄神（厄神さん）」と呼ばれることの方が多い。

毎年一月十八、十九日は厄除け大祭で、厄除け大法要が営まれる。境内では、十八日、午後二時から大護摩をたき、十九日、午前十時から大護摩、午後二時から厄除け大法要が営まれる。両日は、遠方からの参拝者も多く、数十万人が訪れ境内はあふれるばかり。参道には数百軒もの屋台が並ぶ。厄除け大祭の風物詩でもある屋台を楽しむ子ども連れの家族やカップルなども多い。

「門戸厄神」の厄神明王は、愛染明王と不動明王で、愛染明王は、すべての悩みの根源である愛欲を清らかなものに高めていく霊験を持ち、不動明王は、目に見える悪と見えない煩悩を知恵の火で焼き縛り上げる力を持つといわれる。一切の災厄を払い、厄除け開運、家内安全、無病息災、交通安全、商売繁盛、病気平癒などが成就するといわれている。

「門戸厄神」の表門の下には四十二段の男厄坂、中桜門の下には三十三段の女厄坂と呼ばれる厄年にちなんだ階段があり、一段一段上ることで、厄を落とすという意味がある。

（中野）

参拝者たちで境内は埋まる

◇所在地/西宮市門戸西町２-26
電話0798-51-0268
◇交通/阪急今津線門戸厄神駅から北西へ約700メートル
○時間/18日、午後２時大護摩
19日、午前10時大護摩、午後２時大法要

1月28日【百手の儀式】平内神社

時代を超えた故郷の誇り

日本海に臨む山懐はまだ雪の季節、海沿いの道から細い雪路を登り、息が切れる頃やっと御崎《みさき》の集落に入る。

但馬にはここ御崎をはじめ田久日《たくひ》、宇日《うひ》など平家の落人集落がいくつか点在している。

断崖絶壁の海岸線は鎧袖《よろいのそで》・千畳敷・釣鐘洞門・通天洞門等々天然の奇岩洞窟が続き名高い観光名所となっている。

寿永四年（一一八五）三月、壇之浦の合戦に敗れた平家一門は日本海に浮かぶ隠岐対馬へ向かったが、途中嵐に遭遇し因幡と但馬に漂着した。但馬には一軍の将門脇宰相《かどわきのさいしょう》平　教《たいらののり》盛《もり》ほか伊賀氏・矢引氏・小宰相局一行七人が伊笹岬付近に隠れ住んだ。以来、慣れない農漁業のかたわら、密議は「寄り合い畠」で、訓練は「馬場ヶ平《ばばがなる》」で行い、正月にはほら貝で互いの無事を確認したという。

再興を期して密かに鍛練を続けた平家一門の誇りと伝統が「百手の儀式」となって今日に継がれている。

粉雪が舞う平内《へいない》神社に十代の少年が羽織袴に威儀を正し「わきによれ！　わきによれ！」のかけ声を掛けながら集まってくる。手に手に青竹の弓を持ち額にはきりりと白鉢巻、頬は紅潮し緊張感がみなぎっている。世話役の青年に導かれ所定の位置に着く。仇敵源氏を模したという大木に張られた的に向かい三人の射手が武門平家の祈りを込めた百一本の矢を放つ。選ばれた名誉にかけて一心不乱、額に汗がにじみ百一本目の矢が的を射る。どっと歓声が上がる。

三三五五家路をたどる頃、雪は止み西の空は薄日が明るく路傍には蕗の薹《とう》が顔を出していた。頬を打つ風はまだ冷たいが、やがて平家蕪菁《へいけかぶら》の花が咲き、港がにぎわう春漁の季節はもうすぐそこに見えている。（桑原）

願いを込めて矢を放つ

◇所在地/美方郡香美町香住地区御崎
　電話0796-36-3355（香美町観光商工課）
◇交通/ＪＲ山陰本線香住駅下車タクシーで20分、余部駅から徒歩30分
◇時間/午後４時頃から約１時間

1月下旬から2月中旬【春節祭】

神戸元町南京街界隈

激しく舞う金龍。祭りは最高潮に達する

神戸の春は元町から

旧暦で節句を祝う中国では、旧暦のお正月を「春節」として盛大に祝う。

この時期の中国は、爆竹が鳴り響き、祝い事に欠かせない、龍や獅子が舞い踊り、たいそう賑やかだという。

神戸元町にある南京街でも、旧暦の正月に合わせて「春節」をアレンジし、「春節祭」として、昭和六十二年（一九八七）から毎年開催されている。ただし、昭和天皇崩御の年と、阪神・淡路大震災の年は中止された。平成九年（一九九七）には、神戸市地域無形文化財に指定されている。中国の暦に合わせるため、祭りの期間は一定していない。一月の終わりからの年もあれば、二月の半ば頃の年もある。まだ歴史は浅いものの、南京街の春節祭は、確実に、神戸に春を呼ぶ祭り、と言えるだろう。

しかし、今でこそ豪華、勇壮な祭りになっているが、始まりは、商店街からの寄付を募っての、本当に手作りの祭りだった。そもそもは、南楼門、長安門、あずまやなど、南京街らしいハードが完成した頃、発足した青年部から、「次はソフトが大事や。お正月のお祝いなら、宗教色もなく、誰で

獅子と人、一体となって

も祝う事。中国では、『春節』というのだから、『春節祭』にしよう」という声が上がったのだという。

まず、四十メートルの龍を買うことからのスタートだった。関帝廟《かんていびょう》で、その龍に魂を入れたというニュースもまだ耳新しい。春節祭に欠かせない獅子も揃えた。

さて、祭りの初日は、あずまやに祀られた関帝に供物をしての神事からスタートする。供物は、鶏、魚、豚の首。鶏は天の恵み、魚は水の恵み。豚は地の恵みを意味し、八宝菜のルーツでもあるという。般若心経が響くなか、三回深く拝礼し、線香を立てる、という法要の儀式が粛々と行われる。

西遊記の人気者、三蔵法師、孫悟空、猪八戒に扮した人が、あずまやの中に入る。神戸市長や春節祭実行委員会会長などの挨拶の後、壮烈な爆竹の破裂音が祭りの始まりの合図となる。

ブルー、ピンクの獅子が、観客の前で激しい舞を披露した後、「中国史人遊行」が始まる。三国志の英雄や楊貴妃に扮した一般公募も含めた人たちが、京劇の衣装とメイクで舞台に現れる。期間中、毎日龍パレードをはじめとする各種のイベントが予定されているが、ハイライトは、なんといっても全長四十七メートルの金龍ロンロンの舞だろう。

舞龍隊による龍舞、獅誠館の獅子舞は、地元青年団の血のにじむような練習の結果、いまや春節祭の大きな呼び物になっている。もちろん、通常の数倍といわれる、店頭での「おいしいもの」を目当ての人も多く、春節祭の期間は、南京街界隈は二度目のお正月で大賑わいである。（小山乃）

◇所在地/神戸市中央区栄町通1-3-18
電話078-332-2896（神戸南京町春節祭実行委員会）
◇交通/ＪＲ東海道本線元町駅から南へ徒歩５分
◇時間/午前10時45分～神事

春

2・3・4月

2月3日【トテコロ神事】山王《さんのう》神社

正面奥に神主役の宮守、左手前に雌鶏役、右手前が雄鶏役の少年。山王神社の本殿にて

節分の夜に行われる不思議な神事

トテコロ（東天紅）は、神戸市北区下唐櫃《しもからと》の山王神社で、毎年節分の夜（二月三日、閏年は二月四日）に執り行われる神事である。その昔、神功皇后が三韓遠征の帰りにこの辺りに留まり、甲冑《よろいかぶと》や金の鶏（工芸品）を唐の櫃に収めて、「飢饉や村民危惧の際に発掘せよ」とこの地に埋めたという故事に因むとされる。唐櫃の地名の由来もこの故事からきているといわれている。

実際に埋められた場所というのは、山王神社近くにある唐櫃石神社の辺りであり、この祭事が始まった当初は唐櫃石神社で執り行われたのではないかという説もある。下唐櫃では、上組、上中組、下中組、下組各組十五戸～十七戸の四つの組に分かれ、年番に当番組から三人を選出し、山王神社の宮守を決めている。宮守は二十～四十歳の男子がなることとされていて、毎年一月一日に行う組替えの時、「カキタテ」という選出方法によって選ばれる。

カキタテは、その年の当番組の該当者の中からまだ宮守として選ばれたことのない者の氏名を短冊状の半紙に記し、これを米粒大に丸めて三方に乗せ、扇子で上から突き吊り上げるという一種の籤引きである。籤を引くのは、前年の宮守を勤めたもので、この籤引きで漏れた者は翌年の元日、同じ境内で行われる弓引きの役を行う。トテコロには二人の男児が選ばれ、雄鶏役、雌鶏役をするが、選ばれる男児もその年の当番組中の小学校低学年～中学年位の男の子である。

トテコロは節分の午後、宮守と籤に漏れた二人が神社へ行って餅やお神酒、神前の供物の用意など祭事の準備をすることから始まる。長床前庭に火を焚く穴を掘り、拝殿右側の控部屋では神饌《しんせん》用の小餅、蜜柑、栢の実、干し柿、栗を各十二個（閏年は十三個）、二つの三方に盛り付け神前に供え、ほかに境内小宮に供える膳を作る。

祭事はすっかり日が暮れた午後六時頃、宮守と子ども二人が本殿に入るところから始まる。宮守が神主役となり、初めに祭壇に向かい祝詞を読み上げる。その後、神殿階下の板張りの幣殿に神主役が正面に、その右側前方に雄鶏役の少年が、そして左前方に雌鳥役の少年が正座する。神主の「お願いします」の掛け声とともに、雄鶏役が「トテコロ」と叫び、雌鳥役が「クークー」と応じる。これを三回繰り返し祭事は終わる。昔は、声の大きさで豊作を占うといった占術的な意味もあったようである。また、昔の宮中のしきたりで、節分に暦神である天一神《なかがみ》のいる方角を避けて居を移し、そこで鶏の声を三度聞いてから元に戻るという、いわゆる陰陽道の方違《かたたがえ》からきたとする説もある。

最近の少子化や住宅事情など時代の変化に合わせて、組分けやカキタテによる宮守決め、トテコロ神事の雄雌鶏役の子どもの選出なども、柔軟な対応がなされている。トテコロは、こういった地域の人々の努力で今日まで守り伝えられている素朴で温かく、不思議な神事である。

祭事は短時間で終了するので、見学の際は、十分な余裕をみて行くことをお勧めする。（木原）

祭の最後、神主役よりご褒美が

◇所在地/神戸市北区有野町唐櫃字溝ノ下536　山王神社
電話078-322-5798（教育委員会）
◇交通/神戸電鉄三田線有馬口駅から徒歩10分
◇時間/午後６時頃～（実際の神事は数分間で終了する）
※周辺に駐車場はなく境内敷地は道幅も狭いのでマイカーは不向き。

2月3日【追儺式《ついなしき》】長田神社

神の使い「善鬼」の演舞えんえんと

縁日の店が並び、鳥居のところに大きく「古式追儺式神事」と書かれている。一般に追儺式はおにやらい、おにおいともいわれ、節分祭や豆まきと同義に使われている場合もある。当社では、鬼は神の使いで神に代わって災いを払うという役目（善鬼）。当然のことながら豆まきはない。

まず、節分祭があり、鬼、太刀役、肝煎《きもいり》が、社殿正面で威儀をただす。続いて、餅割鬼、尻くじり鬼、一番太郎鬼、赤鬼、青鬼、姥鬼、呆助鬼の鬼が、入れ替わり立ち替わり出入りして、燃える稲藁の松明を振り回しながら演舞を行う。この間、太鼓、ほら貝の音が境内に響き、興をそえる。舞いの動きはいずれもゆったりとしたもので、かつては宮中の行事だったという様式美が感じられる。

暮れなずむ頃、鬼のもつ松明の火が美しい。社殿前に笹が立ち並び、それらに渡された縄に「泰平の餅」「六十四州の餅」などがぶらさがる。その向こうを松明が通るとシルエットになって幻想的な光景。最高潮に達する「餅割行事」で終了する。餅割りはお祓いの意味をあらわし、松明の火は種々の災いを焼き尽くす。これによって家内安全、無病息災を願い、一陽来復の春がめぐりくることの喜びをあらわす、まさに立春の前日にふさわしい古式ゆかしい行事だ。

まだ日が高いうちから始まるので、はじめは小さな子どもたちも多い。鬼を見て泣き叫ぶ赤ん坊もいる。参拝者たちは、授与所で松明の燃え残りを求めて帰る。

昭和四十五年（一九七〇）、県重要無形文化財に指定された。当社は『日本書紀』にも名が出るほどの古社。祭神は事代主神《ことしろぬしのかみ》。追儺式は室町時代から続くといわれ、使われる面の中にはその頃に作られたものもあるという。（松田）

典雅で風格を感じる善鬼の舞い

◇所在地/神戸市長田区長田町3-1-1
電話078-691-0333
◇交通/神戸高速鉄道高速長田駅から徒歩5分またはＪＲ神戸線神戸駅から市バス長田神社前下車すぐ
◇時間/午後１時

2月3日【星祭節分会】中山寺

除災招福の豆まき式

聖徳太子の創建と伝えられる中山寺は、創建以来千四百年を数える日本最初の観音霊場である。本尊は十一面観世音菩薩で、西国三十三所観音霊場の第二十四番札所となっている。「安産の寺」としても名高く、安産を祈る人々が全国から腹帯をいただきに訪れる。

北摂の地に、紫の雲がたなびくといわれる中山寺は、多くの歴史的な物語で飾られ、謡曲「満仲」や歌舞伎「菅原伝授《すがはらでんじゅ》手習鑑《てならいかがみ》」は、中山寺にまつわる哀話から創作されたもの。これらは、平安中期に多田源氏満仲の擁護をうけた時代の中山寺にまつわる美女丸・幸寿丸の話がもとになっている。

中山寺では、毎年二月三日、午後一時と午後三時から、一年の厄を払い幸福を願う厄除開運の大祈祷会「星祭節分会」が行われる。そこでは、中山寺に古くから伝わる「追儺式《ついなしき》」が行われるが、今では、音楽をまじえ現代風にアレンジしている。なんといっても、毎年美しい宝塚歌劇団の生徒たちが参加するのが楽しみ、といって訪れるファンも多い。この行事に宝塚歌劇生が参加するようになったのは、戦後まもない昭和二十四〜二十五年頃からで、人気の的でもある。

追儺式は、黄（貪）・赤（瞋）・緑（痴）の三匹の邪鬼が現れ、鬼棒を振り上げ、走り、回り、あばれるが、宝塚歌劇生が扮する観音様が諭し、改心させて、福・禄・寿の善神に変身させるというものである。

鬼をはらう追儺式ののち、福男、宝塚歌劇生の福娘による豆まきが華やかに行われ、多くの参拝者が福を授かる。当日は例年約一万二千人の人出で賑わう。（中野）

「追儺式」の鬼と観音様

◇所在地/宝塚市中山寺２-11-１
電話0797-87-0024
◇交通/阪急宝塚線中山駅から徒歩１分
◇時間/午後１時、午後３時

2月11日【ねり子まつり】由良《ゆら》湊《みなと》神社

数えで三歳になった幼児の氏子入りを祝う

由良湊神社の例大祭「ねり子まつり」の起源は不明だが、江戸時代の祭事について記録が残っているという。漁師町の由良では、古くは結婚の際に披露宴を開くことがなかった。子どもが生まれ、その子が数え年三歳になり、氏子入りを祝う「ねり子まつり」こそが、町衆への結婚お披露目の日でもあった。着飾った子どもの無事成長を祈願すると共に、結婚の披露も兼ねていたので、母親も日本髪を結ってお参りしたそうだ。今はさすがにそこまではしないが、両親とも盛装して、わが子を抱いて歩く姿に往時を偲ぶことができる。

由良湊神社は創立年代不詳だが、一千余年前の「延喜式神名帳」に記された、延喜式内の由緒ある神社だ。「ねり子まつり」は、この神社から七百メートルほど先にある若宮神社まで神輿と共に、子どもを抱いた親族一同が練り歩いたことから「練り子」と呼ばれるようになったという。祭りは昼頃から始まる。布団だんじり六台と子どもだんじり二台が湊神社に集まり、太鼓を響かせながら、ねり子の一団を待つ。

数年前まで、「淡路の奇祭」として有名だったこの祭りは、血気盛んなねり子の親たちが、親族を引き連れ、数えで三歳の子どもが泣き叫ぶのもお構いなしに担ぎ上げ、湊神社から若宮神社まで町中を疾走していた。早く到着し、一番鈴を受けると縁起がいいといわれ、多い年は五十組以上が走っていたという。祭り本来の姿から逸脱したことで注目された時期がしばらく続いていた。

近年はねり子も十組を下回り、全員が練り歩いて、わが子を町の人たちに見てもらっている。主役の子どもも、これで一安心だろう。「かわいいなぁ」。やってきたねり子に声がかかる。居眠りしているねり子もいて微笑ましい。(山本)

数え年３歳の子どもが祭りの主役

◇所在地/洲本市由良３丁目５－２
電話0799-27-0562
◇交通/洲本バスターミナルから淡路交通バス「由良福祉センター」行きで由良支所前下車
◇時間/正午～

2月17・18日【厄除大祭】柏原八幡宮・厄除神社

暗闇の中で行われる最古の厄除け神事

地元で「八幡さん」と親しまれる神社は「石清水八幡宮・丹波別宮」のことで、万寿元年（一〇二四）に勧請されたとある。「厄神《やくじん》さん」と呼ばれるのは摂社の「厄除神社・青山祭壇の儀」のことで、厳粛なこの儀式は全国でも最古の厄除神事といわれている。

厄年は、数え年で男性は二十五歳、四十二歳、六十一歳、女性は十九歳、三十三歳、三十七歳で、特に、男性の四十二歳と女性の三十三歳を大厄とし、自身の人生を見直す大きな節目であり、その前後も前厄《まえやく》、後厄《あとやく》といわれている。

二月十七日宵宮の真夜中、正確には十八日の午前零時に、境内のすべての灯りが消され、真っ暗闇の中で執り行われる。厄除神社の右側に神籬《ひもろぎ》となる椿や椎《しい》などで作られた「青山（青柴垣《あおふしがき》）」が整えられる。これは厄神が降臨する「形代《かたしろ》」とみなすもので、地元産の胙《ひもろぎ》の数々が供えられる。

厄除けの神とは、塞神《さいのかみ》や道祖神《どうそじん》といわれる「八衢《やちまた》比古《ひこの》神《かみ》」、「八衢《やちまた》比売神《ひめのかみ》」、災禍の侵入を防ぐ「久那斗神《くなとのかみ》」の三神《かみ》で、災いの神を迎えてもてなし、お帰りいただくという、道饗祭《みちのあえのまつり》や疫神祭《えきじんさい》に相当する祭儀である。

神職七人による本殿での祈祷のあと、青山祭壇、厄除神社へと場所を移しながら粛々と儀式が進み、大厄《たいやく》の男女代表と氏子総代が昇殿して御秡を受ける。最後に、厄年の参拝者一同の頭上で御祓いの鈴が鳴らされ、一年の無病息災、家内安全を願う。静寂にして寒い闇夜、身が引き締まり、心洗われる思いがする。両日は三重塔の開扉や甘酒の接待があり、麓の通りには多くの露店も並び、例年十万人近い参拝者で賑わう。なお、例月祭は毎月十八日とし、厄除け市が開かれている。（原田護）

まずは八幡宮に参拝、左手に厄除神社

◇所在地/丹波市柏原町柏原4001-4
　電話0795-72-0156
◇交通/ＪＲ福知山線柏原駅から徒歩５分
　舞鶴若狭自動車道春日ＩＣから10キロ
◇時間/青山祭壇の儀は18日午前０時〜

2月22・23日【太子会式】斑鳩寺

聖徳太子の子になる儀式

お稚児さんのかわいい姿が、三三五五、若い両親に連れられて集まり始めた。稚児行列が始まる午後二時が近い。

ここ斑鳩寺は聖徳太子が今から一千三百余年前に開創された霊刹で、現在は「西国薬師四十九霊場」の二十三番札所である。二十二日は聖徳太子御命日で、この日と翌日が「播州随一の賑わい」をみせる太子会式。二日間で二万人近い人が集まる。

朝早くから参道には夥しい数の露天商。表参道（旧国道二号線〜山門）だけでなく境内や脇参道も入れると、おそらく百軒を超えるだろう。たこ焼き、綿菓子などの屋台のなかで、金物の店が目を引く。ここは職人信仰の寺でもあり、以前は多くの金物屋が出ていた。しかし道具の電動化で激変、わずかに一、二軒の露店を見るだけだ。とは言え、境内の植木市と共に、この二日間の二大名物なのは今も変わらない。

やがて二時になって稚児行列が始まった。庫裏から講堂への長い渡り廊下をしずしずと渡っていく。この祭りのメーン行事である。楽人の後に、母親に手を引かれた稚児の列が続く。講堂を巡る回り縁を半周し、続いて聖徳殿へつながる渡り廊下に入る。この間ずっと雅楽が奏でられ、笙やひちりきの音が優雅に聞こえてくる。聖徳殿に到着した行列は中殿から奥殿へと左回りで巡回し、奥殿に遷座する聖徳太子十六歳の尊像と対面。その後表の拝殿に集結し、全員そろったところで読経が始まる。こうして、参列した稚児は皆、「聖徳太子の子」となるのである。ちなみに、平成十八年（二〇〇六）は、百八人の稚児たちが太子の子になった。

以前は太子会に先立って「勝軍会《しょうぐんえ》」（御頭会）や「法伝哉《ほうでんや》」が行われていた。太子の仏敵・物部守屋《もののべもりや》討伐にちなむ珍しい古式行事だが、近年は中断している。（小嶋）

両親に手を引かれてかわいい稚児の行列

◇所在地/兵庫県揖保郡太子町鵤
電話0792-76-0022
◇交通/ＪＲ山陽本線網干駅から山崎行きバス５分いかるが下車徒歩５分
◇時間/午後２時から稚児行列

3月15・16日【めぐみ廣田の大祭り】廣田神社

西宮の地名ゆかりの古社の萬燈籠

廣田神社は長暦三年（一〇三九）後朱雀天皇制定となる二十二社の一つで、神功皇后摂政元年（二〇一）、皇后により武庫の地・廣田の国（芦屋～尼崎西部）に創建されたことが、『日本書紀』に記されている兵庫随一の古大社。西宮の地名は、京の都の西方にある重要な神社として、神祇伯をはじめ中世の貴族たちから「西の宮」と呼ばれ、廣田神社への参拝を〝西宮参拝〟〝西宮下向〟と称したことに始まる。

やがて西宮は、廣田神社の荘園である廣田神郷（いまの神戸市東部から尼崎市西部、北は有馬・猪名川に及ぶ地域）全体の地名として使われるようになり、近世には末社の南宮や戎社（現・西宮えびす神社）のある浜南宮を中心とした地域名となって、現在の西宮市に至っている。

祭神は、撞賢木《つきさかき》厳之御魂《いつのみたま》天疎《あまさかる》向津《むかつ》媛命《ひめのみこと》（天照大神の荒御魂）。脇殿に住吉大神、八幡大神、建御名方神、高皇産霊神が祀られていて、上代から中古にかけ、国家鎮護・天地自然・立身出世・武運長久に霊験高き神として、朝廷や公家の篤い崇敬を受けてきた。

また、源頼朝が元暦元年（一一八四）に淡路・廣田荘を寄進。豊臣秀頼は慶長九年（一六〇四）に大規模な改築を末社の戎社を含めて行い、徳川吉宗も社殿を現在の地に遷し改修するなど、武家にも深く信仰された。

三月十六日の大祭は午前十時から本殿で、氏子崇敬者が参列して祭礼が行われるが、一般の参拝はない。同時に催される萬燈籠は十四日から十七日の四日間、日没から大燈籠と参道の燈籠や約三百の提灯に灯が入るだけ。祭りとしては、屋台なども出る四月のつつじ祭と五月の御田植祭、七月の子供祭・人形報恩感謝祭が一般向き。（吉田）

日没になると参道に灯がともる

◇所在地/西宮市大社町７−７
電話0798-74-3489
◇交通/ＪＲ神戸線・阪神本線西宮駅または、阪急神戸線西宮北口駅からバス広田神社前下車すぐ
◇時間/14日の日没～17日夜

3月17～19日【出石初午大祭】稲荷神社

但馬に春が…なつかしき祭りの風情

出石藩は五万八千石、江戸時代に最も栄えた城下町である。城郭は山麓から山頂へ梯子を立て掛けたように三の丸・二の丸・本丸・稲荷郭と有子山《ありこやま》斜面に築かれた平山城。天守閣代わりの稲荷郭（稲荷神社）が一年に一度良民に開放されお参りが許されたのを起源としている。

当時（江戸後期）は日頃見上げているだけのお城を見物し、稲荷神社へ参詣できるのは特別な出来事で、五穀豊穣・商売繁盛のご利益があるとの評判が広がり、丹波・丹後・但馬はもちろん、遠くは江戸から船を仕立て円山川を遡って訪れた参拝客もあったという。日頃厳しいお役人も大目に見たのか？　祭りの期間中は賭博さえも解禁されたとか……。

平成の今日でも、お堀端から大手門、狭い通りの辻々、武家屋敷の軒下まで百を超える露店・屋台が並び、菓子類・麺類・おでん・お好み焼きなど食べ物の匂いがあふれている。石垣が美しい表通りにはお化け屋敷・見世物小屋・威勢のいいバナナの叩き売りや地元グループ、各種団体の催しが所狭しとひしめいている。広場では中国雑技団の公演、フリーマーケット、大道芸が人気を博していた。

大正・昭和の頃、どこの町にもあった祭りの風景……大人も子どもも小銭を握り行ったり来たり、時代が一世紀ほど逆戻りしたような錯覚に陥ってしまった。往時そのままの祭り。小路を抜け参道を登る。三十七の朱鳥居をくぐり、百五十七段もの石段を踏み締め稲荷神社に参拝。遠くには霞に滲む円山川、眼下には黒瓦に白壁の町並が広がり、麓から梅の香と祭りのざわめきが湧きあがり、さながら春を告げているようだ。三日間で六万人もの人出は「出石初午大祭」が持つ庶民性とノスタルジックな風情が魅力なのであろう。（桑原）

「辰鼓楼（しんころう）」前の参道は大賑わい

◇所在地/豊岡市出石町　出石城跡周辺
電話0796-52-2133（出石初午大祭奉賛会）
電話0796-23-1111（豊岡市観光課）
◇交通/ＪＲ山陰本線豊岡駅または八鹿駅から全但バスで30分出石営業所前下車
◇時間/**午前**10時～日没まで

3月第3日曜【春の大祭】首切地蔵尊

煙をかぶって健康、合格、必勝を祈願

「丹波谷川《たにがわ》山中に　鎮《しず》まり坐《お》わす六ツ石は　名付けて首切り地蔵尊」と奉賛歌にあり、谷川から篠山川支流の山田川を遡った山間の「地蔵の森公園」に祀られている。

平安時代末期、宇治川の戦いで源氏に敗れた平家は神戸へと逃れるが、哀れをとどめたのは平家一門に連なる公卿や姫たち。昨日までの栄華の夢破れ、娑婆の無情を感じつつ人目を恐れて丹波へと逃れるも落人狩りに捕まり、山田の奥山深い首切沢で処刑され、悲運の最期を遂げたのである。

それを伝え聞いた村人たちが人の世のはかなさを嘆き、碑を建て、野花をたむけて弔ったのが始まりで、いつの頃から首切地蔵尊と呼ばれ、今に伝えられている。

その名のとおり、頭がなく、首から上の願いごとがかなえられるといわれ、眼・耳の病やぼけ封じと共に、受験生の入試合格祈願や必勝祈願が多く、よだれかけに願いごとを書いて供えられている。祭日は毎月二十四日とし、近畿一円からの参拝者がある。

春の大祭は三月第三日曜、秋の大祭は九月第四日曜に営まれる。午前十一時から地元寺院僧侶による読経法要のあと、午後一時から丹波大峯会の修験者らによる護摩焚きがあり、ほら貝を吹き、四方に破魔矢《はまや》を放ち、錫杖《しゃくじょう》を鳴らしながら経を唱える。

人の背丈ほどに積まれた檜の葉に火が放たれると、参拝者らは煙を浴びながら頭をさすって健康、合格、必勝を祈願。地蔵尊に供えられた半年分のよだれかけを火にくべて昇天供養が行われる。

当日は、谷川駅からシャトルバスが運行され、地元保存会の人たちによる、ぜんざいの接待奉仕がある。（原田護）

普段はよだれかけがいっぱい

◇所在地/丹波市山南町谷川
　電話079-577-2955（首切地蔵尊保存会）
◇交通/ＪＲ福知山線谷川駅からタクシー15分（当日のみ臨時シャトルバス15分）※普段は路線バスなし
　舞鶴若狭自動車道丹南篠山口ＩＣから約20キロ
◇時間/午前９時～（法要は11時～）

春分の日【摩耶詣祭《まやもうでさい》】摩耶山天上寺

花かんざしを戴いた「飾り馬」がパレード

人と動物が一年間、無病息災でありますようにと祈願し、旧暦二月初午の日に行われてきたユニークな伝統行事だ。

午前十時、六甲山牧場から木曽馬と与那国馬の二頭が到着。金堂前でお祓いを受け、花かんざしを授けられると共に、菜の花や浄水を供えて法会が行われる。続いて、二頭の馬は山伏たちに先導され、第二会場の掬星台《きくせいだい》までパレード。会場では、摩耶昆布がお裾分けされ、酒粕を使った名物「摩耶料理」もふるまわれる。山伏が吹くほら貝の音色が全山に鳴り響き、山の安全・世界の平和を願う柴燈護摩《さいとうごま》の煙が天高く上ると、祭りは至上の時を迎える。

摩耶山にある天上寺は、大化二年（六四六）、孝徳天皇の勅願により、インドの法道仙人が開創されたと伝わる名刹。釈迦が感得されたといわれる本尊、十一面観音（秘宝）のほか、弘法大師入唐の折りに当時中国で女人守護の仏として崇拝されていたという摩耶夫人尊が祀られ、観音霊場、安産祈願の寺として古くから信仰を集めてきた。

摩耶詣は、室町時代に始まった行事だ。気候と地形に恵まれた摩耶山近辺は、農村地域だったのだろう。近在の人々が農業に使っている馬をつれて同寺に参拝し、平安を祈願して花かんざしを馬に飾り、土産に昆布を持って帰るという、長年の風習があった。大正時代以降、馬を飼う農家が減少したため、祭りは省略化されていたが、市民らの強い要望により、平成十四年（二〇〇二）に摩耶山の春山開きの一環として復活。以後、春分の日に挙行されている。

背中に花かんざしをつけてパレードする馬の姿が、どこか誇らしげに見える。居合わせた多くのハイキング客が「かわいい」と言いながら写真をとっていた。（井上）

子規らに詠まれ、春の季語にも

◇所在地/神戸市灘区摩耶山町２－12
電話078-861-2684
◇交通/摩耶ロープウェイ星の駅から徒歩10分
◇時間/午前10時～

春分の日【龍野ひな流し】　龍野町揖保川河川敷

川面を流れる雛に思いを込めて

江戸時代末期まで行われていた龍野の雛流し。病気や災いを人形に託して川に流す習わしが、俳句の愛好家らによってよみがえったのは平成四年（一九九二）のこと。「飾られて龍野は雛の似合うまち」と詠んだホトトギス主宰の稲畑汀子さんの句がきっかけだった。

春分とはいえ、雪解け水が流れる揖保川の河川敷はまだまだ肌寒い。この寒さをものともせず、神事前の一時間、雛だこが揚がりいろどりを添えた。十時前になると、着飾った子らが母親に手を引かれ、そして俳句愛好者がぞくぞくと集まり始めた。「甘酒、いりませんか～」と、少女らの呼び声に誘われて暖をとる人も。

川原の一角には、四隅に竹をたて、結界がつくられ、祭壇が設けられている。かたわらには、十メートル以上の緋毛氈が敷かれ、その上には、対雛と椿や菜の花をのせた桟俵《さんだわら》と葉蘭《はらん》の船がずらりと並んで出番を待っている。

桟俵は新わらができる秋頃から直径二十センチの大きさに編まれる。七百体の雄雛、雌雛はいろとりどりの和紙の衣装を纏い、小さい顔は白い紙粘土で作られ、愛らしく目や口が描かれている。これらは「いひほ句会」のメンバーが、半年前から心を込めて作ったもので、そのどれもが流してしまうには惜しいほどの出来映えだ。

十時半いよいよ神事の開始、祭壇の前で龍野神社の宮司によって祝詞が上げられる。主賓は雛人形を川に流す年少の少女たち。慣れない着物に、緊張しながらも真剣な面持ち。お祓いが済むと、母と子は、手に手に紙雛の乗った桟俵を持ち、それぞれの思いを込めて、川の流れに乗せた。

流し雛仲睦まじく水にのり　紀子（中田）

揖保川に雛を流す少女

◇所在地/兵庫県たつの市龍野町、龍野新大橋北側河川敷
◇交通/ＪＲ姫新線本竜野駅から徒歩20分
◇時間/雛凧揚げ午前９時30分～10時30分
神事午前10時30分～
ひな流し午前11時～

3月23日【五尺踊り・天明志士春季大祭】大宮寺《だいぐうじ》

語り継がれる義勇談

五尺踊りは、江戸時代、天明二年（一七八二）に淡路で起きた「縄騒動」と呼ばれる大規模な百姓一揆で、首謀者として捕らえられ刑死した広田村（現・緑町）の才蔵と山添村の清左衛門の霊を慰めるために始められたと伝えられる。

淡路縄騒動は、天明元年三月、洲本の藩庁が津名、三原両郡の農民に対して出した苛酷な縄供出令に対し、その翌年の天明二年五月、島内の農民たちが組頭庄屋宅などに押しかけ、供出令の取り下げを要求した大規模な一揆である。

命を落とした才蔵、清左衛門ら天明の義士たちの遺徳を偲ぶ村民らにより、緑町にある広林山大宮寺の境内に天明志士之碑が建立され、今日まで供養が続けられている。五尺踊りは、毎年、清左衛門と才蔵の命日にあたる新暦三月二十三日に緑町・大宮寺で執り行われる「天明志士春季大祭」において、天明志士之碑前で奉納される。男女がペアとなって、唄、三味線、拍子木に合わせて踊る素朴な地踊りの一種で、机と刀で踊る「寺子屋」、傘と鎖鎌などを持って踊る「土橋踊り」、「白石踊り」の三種類が元来の踊り型であったが、近年新たに「傘踊り」と「手踊り」が創作された（「五尺」は踊る時に掛ける襷《たすき》の長さから）。

大宮寺の天明志士春季大祭は、神仏混淆《しんぶつこんこう》形式《けいしき》で執り行われ、獅子舞などの後に五尺踊りが、毎年踊り型を変えて奉納される。

現在では五尺踊り保存会（会員数約二十名）の活動により、大宮寺春季大祭だけでなく、広田八幡神社大祭奉納、淡路民謡祭参加など地域の踊りとして、その活動の舞台を広げている。天明の志士を弔う踊りとしては他に大久保踊り（三原町）などもある。（木原）

踊り型の一つ、「傘踊り」

◇所在地/南あわじ市広田広田898
電話0799-45-0136
◇交通/洲本バスターミナルから福良行きバス15分広田下車、徒歩10分または神戸淡路鳴門高速道洲本ＩＣから5分
◇時間/午後2時～2時間程度

3月25日【雛形祭《ひながたまつり》】休天神社《やすみてんじんしゃ》

湯立て神事と雛形を燃やす午後

菅原道真公は太宰府へ左遷される途中、明石に立ち寄ったが、ときの駅長に迎えられ厚いもてなしを受けて休息した。その志を喜び、詩に詠んで感謝の気持ちをあらわしている。

駅長驚くなかれ時の変わり改まるを
一栄一落これ春秋

間もなく道真公の死を知った駅長は延喜四年（九〇四）に祠《ほこら》を建てて祀る。その後、延宝七年（一六七九）明石城主、松平信之が天神社社殿を創建した。休天神の由来である。

雛形祭は、道真公がわが身に降りかかる憂いを払い除くために雛形をつくって祈った故事から悪事災難除けと健康祈願の祭りで、幼児と親や祖父母、下校途中の小・中学生らで賑わう。雛形は学業成就、家内安全、厄災祓いの文字が印刷された袴《はかま》姿の人形《ひとがた》をした二十センチメートルほどの和紙で、家族全員の名前、生年月日とお願いを書いて境内中央に立つ竹の枝へつるす。竹の葉の緑と雛形の朱色、その裏面の白色が早春の風に揺れながら清らかな雰囲気をつくっている。

拝殿では、伝統を支えている多数の氏子が神主の祝詞に頭を下げて行事は静かに始まり、湯立て神事は拝殿前で無言のまま行われる。両手に笹の束を待った巫女《みこ》が釜の湯を豪快に振り撒くが、取り巻いて見ている参詣者は誰もその場を動かない。厄除けなのだろう。境内に立てた竹を集めて、雛形をつるした竹と共に宮司のお祓いの中でいっせいに焼却される。濡れた石畳と一気に燃え上がる竹と雛形の炎は水と火の祭りの様相だ。

炎が小さく収まるころ、拝殿の脇では餅撒きに笑顔の行列ができる。幼児や高齢者は別の列で、いずれも氏子の世話役たちが直接手渡す和やかな餅撒きだ。（三浦）

春風に揺れる雛形

◇所在地/明石市大蔵天神町2
電話078-911-3143（稲爪神社）
◇交通/山陽電鉄人丸前駅から南へ徒歩5分
◇時間/午後3時～

3月最終土曜 【武神祭】 魚吹《うすき》八幡神社

見入っているとユーモラスなものさえ感じる鬼の舞

猛々しく華やかな「鬼の舞」

武神祭の行事は早朝から始まる。鬼面五個と金襴の装束、錦地の水袋を神前に装飾。氏子二十二地区の当番地区が鬼鏡餅大一斗三個、それに中小合わせて計四十二個を檀尻で曳いて献納する。檀尻は朝七時頃に当番地区を出発、九時五十分に魚吹八幡に到着した。

十一時三十分神事。午後一時から奉納演芸が始まり、銭太鼓や扇舞、園児の遊戯など多彩。メーンの「大神の舞」「鬼の舞」の後は餅撒きで、檀尻で曳いてきた餅が撒かれる。

午後二時三十分、子ども二人が烏帽子姿で優雅に舞う「大神の舞」が始まった。桃色の水干《すいかん》・小袴《こばかま》がきれいだ。それが終わるといよいよ「鬼の舞」。鬼は全部で五匹で、赤と青の「棒突き」（再来子）各一匹、赤の「小鬼」（善界）一匹、赤と青の「親鬼」各一匹である。まず、渡り廊下から二匹の「棒突き」が登場。がに股で内側くるぶしを上へ向けて跳ね上げるような歩き方でゆっくり進む。手に長鉾、腰に刀をさしている。舞殿に進んだ「棒突き」はイチ・ニー・サン・シというリズムで、右足を前へ踏み出しては左足を後ろへ跳ね上げ、棒をドンッと床に突いて直る。この所作を延々と繰り返す。

そこへ「小鬼」（善界）が登場。松明を持ち、帯刀している。本殿に向かって拝礼し、舞殿で棒突きが動作を続けている中間を前進、本殿を一周して戻ってくる。拝殿中央に移動すると、舞殿中央に移動した赤の棒突きが小鬼に向かって拝礼する。小鬼は赤の棒突きに向かって松明を反時計回りに大きく回し、その後退場する。小鬼は三度登・退場してここまでの動作を繰り返すが、二度目は、今度は青の棒突きと行い、三度目には、小鬼が本殿を一周して舞殿に下りると赤と青の棒突きが退場し、その後小鬼が退場する。

最後に、赤と青の親鬼ともども五匹が総出演。赤の親鬼は松明を持ち腰に大槌をさし、青の親鬼は手鉾を持っている。棒突きの四股《しこ》、小鬼の松明回し、そして赤、青の親鬼の背中合わせなどの動作に続いて、赤の親鬼は松明を左右に移動させ、この時に青の親鬼は正眼に構えていた手鉾を振り下ろして祭りのクライマックスを迎える。

この武神祭は、天平宝字八年（七六四）三月七日、外国の襲来に対し追討の命を受けた播磨国の国司・藤原貞国が当社に詣で、五色の和幣を立てて戦勝祈願をしたところ、それが五匹の鬼となって勝利するという故事に拠る。平成十八年（二〇〇六）三月、姫路市の無形民俗文化財に指定された。

魚吹の由来は、『播磨風土記』に宇須伎津《うすきつ》とあり、元々このあたりは海岸の砂地だったようだ。社伝によれば、「神功《じんぐう》皇后《こうごう》が大陸交渉の時この地に滞泊され、神託により宇須伎津の浄地を開き、一小社を建立、玉依姫《たまよりひめ》（神武天皇の母）をお祀りし、敷嶋宮と号した」とあり、これが当社の起源とされる。この神功皇后伝説と交わり、「魚が群れを成して砂を吹き寄せ、土地が出来た」とする魚吹伝説が伝わる。（小嶋）

地元の人たちも参加する奉納演芸会

◇所在地/姫路市網干区宮内193
電話079-272-0064
◇交通/山陽電鉄山陽網干駅から徒歩15分
◇時間/午前11時30～神事、午後1時～奉納演芸、2時30分～大神の舞に続いて鬼の舞

3月31日【三ツ山大祭】播磨国総社・射楯《いたて》兵主《ひょうず》神社

二十年に一度の特殊大祭礼。次回は二〇二三年

播磨国総社は、延暦六年（七八七）勅命により、射楯大神と兵主大神を合祀し、「射楯兵主神社《いたてひょうずじんじゃ》」と号した。

かつて国司は管内にある地元の神様に参拝する慣わしがあったが、養和元年（一一八一）、その巡拝を軽減するため播磨国内の百七十四座を射楯兵主神社に合祀して、播磨国総社と称した。これほど多くの神々が集うこの神社では祭りも多いが、珍しいのは、六十年に一度の「一ッ山大祭」と二十年に一度の「三ツ山大祭」という特殊大祭礼で、社伝によれば、旧領主、赤松晴政の式年制定以来四百年間、一回も途絶えることなく続いている全国でも稀な祭りである。

近世から現代へ歴史も人の暮らしも変わる中で祭りも変化しているが、変らないのは山への信仰で、古くから神は地上の高いところに降臨されると考えられ、自然の山を御神体とするのがこの祭りの原型とされる。

三ツ山は、高さ十八メートル、底部の直径十メートルの東

巨大な置き山、二色山（左）と五色山（右）

の山と呼ばれる二色山《にしきやま》、中の山の五色山《ごしきやま》、西の山の小袖山《こそでやま》の三つの巨大な置き山で、竹と木の円形の輪を積み上げて色布を巻く。その内部にはらせん状のスロープが上まで通じて、頂上には山上殿《さんじょうでん》と呼ばれる神殿を祀り、神霊の降臨を仰ぐ。

置き山は、祇園祭などの曳山や神輿《みこし》などの担ぎ山より古い形式で、国の重要有形文化財に指定されている。

一ツ山大祭は五色山だけを造るが、鎮座縁日の六月十一日の干支が丁卯《ひのとう》となる日、つまり六十年に一度の祭りで、前回は昭和六十二年（一九八七）に行われている。

三ツ山大祭は、一ツ山大祭の臨時祭として、二十年ごとで、最近では平成五年（一九九三）三月三十一日が前日祭、四月一日の初日奉告祭から七日間にわたって行われた。

その時の主な神事は、二日目が神幸祭で、流鏑馬《やぶさめ》、一つ物、弓鉾指《ゆみほこさし》、神子《みこ》渡り、競《くら》べ馬の五種神事が、お旅所《たびしょ》である姫路城三の丸広場で古式通りに行われ、三日目は最も重要な儀式とされる中の日大祭。四日目が播磨国総神祭、五日目は文化振興祭、六日目は産業振興祭。そして最終日の山上殿昇神祭と祭典終了奉告祭で、期間を通して、国土平穏、五穀豊穣、万民安楽を祈願した。また、期間中は毎日、さまざまな奉祝行事が、大手前公園や市民会館で繰り広げられた。

次回の三ツ山大祭は二〇一三年、一ツ山大祭は二〇四七年の予定だが、地球温暖化など自然破壊が問われる現代に、自然信仰から生まれたこの祭りは、どう展開するのであろうか。

総社御門が平成十八年秋、播磨国総社の西の玄関口として完成した。鮮やかな朱塗りの国内最大級の楼門は存在感を示している。三層構造の一階はお守りやお札授与所。二階は文化財展示室で、三ツ山大祭の貴重な資料が並ぶ。三階は、天井に四季をつかさどる四神が描かれ、本殿遙拝所と姫路城を間近に望むことができる展望室になっていて、誰でも昇殿できる新しい名所になっている。（三浦）

大祭時のみ祀られる門上殿

◇所在地/姫路市総社本町190
電話079-224-1111
◇交通/ＪＲ・山陽電鉄姫路駅から徒歩15分
◇時間/開門午前９時〜午後４時30分

4月第1土・日曜【春祭り】福良八幡神社

みこし一基、だんじり十七基が町内を巡行

淡路島、南あわじ市・福良八幡神社の春祭りは、平成十八年（二〇〇六）、雨にたたられた。

四月の第一土曜の宵宮に、だんじりを組立て順次宮入りをすませた十七基は「明日は雨」との予報に、ビニールで覆って雨支度を整えていたが、日曜午前十時三十分のみこし出御の頃から降り初めた。

丘の上にあるお宮の急な石段を、若い男衆に担がれたみこしが降りてくると、段下の鳥居の外の福良の街の通りには、だんじりが次々やってくる。曳き手は各町の若い衆で、町ごとの揃いのハッピ姿で気勢をあげて、町内会や保存会が、順次鳥居の下でだんじり唄を奉納する。

唄は「新説曽根崎心中」や「刃傷松の廊下」など浄瑠璃調のもので、伝統の節回しを習い覚えた若手を加えた数人が披露すると、観客は石段に座って聞く。だんじりが商店街を巡行すると、道の脇には屋台が並び、見物客が近郷近在からやってきて、押すな押すなの人出になる。だんじりが港地区にやってくると、観潮船の桟橋の近くでは観光客も加わりひときわ気勢が上がる。

南淡町は南あわじ市になり、町の援助はなくなったが、それでも町の衆は子どものくじ引きをしたりして、祭りを盛り上げ伝統を守ってきた。しかし、小子化の波が押し寄せ、何年かすれば曳き手がいなくなるおそれがある。近郷ではみこしの担ぎ手が不足して、車に乗せて巡行する町も現われた。

午後にはひときわ雨が激しくなり、ちらほら咲きの山の桜も霞んで見えた。しかし、餅撒きもあり、祭りの熱気は衰えなかった。（瀬戸）

狭い道路にだんじりが溢れる

◇所在地/南あわじ市南淡町福良甲1331
電話0799-52-2032
◇交通/ＪＲバス、淡路交通、神姫バス福良ターミナルすぐ
◇時間/午前８時30分～午後７時頃

4月第1土・日曜【北条節句祭】住吉神社

本社入りで勇壮に練る化粧屋台

主役は金銀鮮やかな「化粧屋台」

絢爛の屋台が勇壮に練る。播州三大祭りの一つで八百年以上の歴史を誇る。十数基の屋台が豪快に練る威勢よさと、古式床しい雅びな舞いとで織りなされる祭り。「動と静」のコントラストが鮮やかで楽しい。

住吉神社は養老元年（七一七）の創建と伝わる。明治時代までは酒見神社と呼ばれた式内社（播磨国三宮）で、広く地元の崇敬を集めてきた。春の例祭にあたる北条節句祭は、地域の商工業発展と共に、土着の祭礼行事がスケールを拡大して今日の形になったようだ。

祭りには、地元・北条地区の氏子が東郷、西郷の二つに分かれて参加する。主役となる屋台は「化粧屋台」と呼ばれる神輿形式で、日光東照宮を縮尺して屋台に仕立てたかのように、金色銀色の彫刻が鮮やかだ。海老や鯱など豪華な飾りものが、陽を受けて輝く。羅紗や羽二重でできた屋根部分の四隅の先はぴんと跳ね上がり、威勢よさを演出している。

一基（重さ約一・五トン）を、約五十人がかりで担ぐ。本体の中には太鼓の打ち手「乗り子」の少年が入って、場面に応じて太鼓を連打する。担ぎ手の男衆は、着物に地下足袋姿がりりしい。各町ごとに鉢巻の色を赤や黄に変えてあるので、一目で見分けられる。

宵宮、本宮とも屋台の御旅所入りと本社入り（宮入り）があるが、見せ場はなんといっても本宮の夕方から始まる本社入りだ。町内を回って笛や太鼓の祇園囃子を響かせていた屋台が一斉に住吉神社を目指す。

「ヨイヤッサ、ヨイヤッサ、ヨーイヤサッサ」。担ぎ手が連呼しながら中央の鳥居をくぐり、一基ずつ境内に入って練りまわる。本殿前で、屋台を何度も高く差し上げる場面は圧巻だ。全十四基が揃う頃になると境内は、かけ声と太鼓、拍子木の音、見物客の歓声で満たされ、興奮は最高潮に達する。日が暮れると、各屋台は備え付けの電飾に点灯、「光のショー」が祭り気分をさらに盛り上げる。変遷を経てきた祭りだけに、新しい要素も随所に見られる。

区長や総代など祭りの役員がフロックコートに山高帽で勢ぞろいするのは、明治時代の名残か。昭和十五年（一九四〇）から取り入れられた「浦安舞」は、小学六年生の女児たちが巫女姿で計四回神前に奉納する。雅楽の音に合わせた舞いは愛らしい。


屋台の宮入りが一段落すると、伝統の龍王舞（県重要無形民俗文化財）が始まる。見物客が取り囲む中に、天狗の面をつけた猿田彦命が登場。前半は鉾を持って戦い、後半は鉾を置いて敵と話し合う様を表現しながら舞う。

龍王舞に続き、午後八時頃からは神事「鶏合わせ」がある。もともとは宮中の節句行事で、住吉神社では保安三年（一一二二）から始められたと伝わる。境内の勅旨塚で王朝装束、烏帽子姿の二人が、片手に捧げたニワトリを目合わせる。争い事の終息を祈る意味があるとされている。最後の荘厳な礼式は、祭りに独特の格調を与えている。（井戸）

屋台が揃い、祭りは最高潮に

◇所在地/加西市北条町北条1318
電話0790-42-0423
◇交通/北条鉄道北条駅から徒歩５分
◇時間/本宮、宵宮とも午前10時～

4月第1日曜【龍野武者行列】たつの市龍野町内

真昼の幻影でも見るような一大時代絵巻

童謡「赤とんぼ」で知られるたつの市は、脇坂藩五万三千石の城下町。白亜の城壁がまぶしい龍野城跡をはじめ、武家屋敷、白壁土蔵などが残る「播磨の小京都」である。

揖保川沿いの国道一七九号線をそれて市街に入ると、路地の先に旧街道が横切り、家並で切り取られた一コマ画面の中を、馬に乗った武者の行列がまるで幻影でも見るように通り過ぎていく。人波をかき分け、はやる気持ちを抑えながら旧街道にたどり着くが、すでに行列は過ぎ去った後。最後尾の馬の、大きな丸いお尻だけが右左に揺れながら遠ざかるのが見えた。係員の「行列はまた戻ってきますから……」の言葉に安心し、町並を散策して時を過ごす。

武者行列が始まったのは明治の初め。旧脇坂藩士たちが先祖を祀る龍野神社の神事に鎧・兜姿で参加したことに端を発する。賤ヶ岳七本槍で有名な脇坂甚内をはじめ脇坂藩政二百年を彩る祭神をしのんで行われてきた。それが戦後中断し、昭和五十二年（一九七七）に復活された。

この行列は、毎年行われる「たつの市さくら祭」の中心行事であるが、復活三十周年記念として行われた平成十八年（二〇〇六）は、騎馬武者、徒歩武者、子供武者のほか、滋賀県湖北町の武者も参加して、三百名の華麗な時代絵巻となった。武者の鎧は、大人用はレンタルだが、子ども用は地元有志で結成する「武者行列保存会」のメンバーの手作りである。コースは、もみじ谷を出発、霞城館前を通って龍野裁判所前、龍野城と行き、うすくち龍野醤油資料館前、かどめふれあい館を過ぎて祇園神社へ。そこで折り返して、下川原商店街を抜け、粒坐天照神社へ行き、中央公民館前から赤とんぼ歌碑前を通って龍野神社で終わる。（小嶋）

少女もりりしい武者姿に

◇所在地/たつの市龍野町
　電話0791-64-3156（たつの市観光協会）
◇交通/ＪＲ姫新線本竜野駅から徒歩25分
◇時間/午後１時～３時45分、雨天延期

4月第2日曜【はしご獅子】伊勢の森神社

綱渡りの獅子舞の頭に桜吹雪が舞う

旧津名町中田地区にある伊勢の森神社。集落を抜けた森の奥にある小さな神社である。境内は芝で覆われ豊かな自然に囲まれている。普段はひっそりとしている神社も参道が人や車で溢れるのが、春季例祭「はしご獅子」の一日だ。

「はしご獅子」は、家内安全、安産、豊作を願い、江戸期の約二百五十年前から続いている伝統行事で、市の無形文化財に指定されている。正午頃に三台のだんじりが伊勢の森神社の境内に集まってくると、やがて神事が始まる。神官のお祓いを受けた獅子が拝殿前で舞を奉納し、祭りの舞台は境内に設置された高さ十メートルのはしごの上へと移動する。

まず、三人の演者が扇を手に「松づくし」を舞い、「阿波踊り」や三橋美智也、村田英雄など昭和の懐かしい歌謡曲に合わせた踊りがはしごの上で次々と披露される。次いで若者が綱を伝って見事な曲芸をみせると、観衆から大きな拍手が沸きあがった。そして、クライマックスのはしご獅子の登場となる。「猪ゃ豆食うてヨイヨイヨイ」などと独特の節回しの音頭に乗って、獅子舞がはしごを上っていく。

獅子舞は全国各地で行われる奉納の舞だが、高いはしごを組み、綱を渡した上での獅子舞は珍しい。季節は春爛漫。境内の桜の木の下に、シートを広げ、足を投げ出して見ていると、しみじみ「日本の春はいいなあ」と思う。

綱の上でにらみをきかせる「はしご獅子」に頑張れのかけ声がかかる。はしご上での舞や踊り、はしご獅子は、中田地区の十町内会が毎年持ち回りで演じているのだという。頭上で演じる獅子舞は、まさに今年の地区の代表選手ともいえるだろう。その獅子頭に桜吹雪が舞い、一段と大きな歓声が上がった。（山本）

綱渡りする獅子舞に拍手かっさい

◇所在地/淡路市中田1402−1
電話0799−72−4624（淡路市観光案内所）
◇交通/津名港バスターミナルからバス10分、中田小学校前下車。徒歩20分
◇時間/正午〜

4月上旬の土・日曜【小五月祭】賀茂神社

平安のみやびが香る女の祭

国重文・賀茂神社の鳥居に向かう急な石段は、桜が満開だった。午前十時、雅楽の音で祭りは始まった。本殿前に整然と並ぶあでやかな姿の少女たち。六人の小鼓方が先頭で、その後に一人の太鼓方が控える。この七人の囃し方は女子高校生で、藤の花をあしらった古代紫の着物にピンクの袴、頭には黒の侍烏帽子を着けた若衆姿である。その後ろ、全体の中心の位置に緑色の水干《すいかん》に金冠をかぶり、金色の御幣を持った祭りの主役・室君が立つ。続いて、白の襅《ちはや》に緋の袴をはき、頭に金色の烏帽子を載せた巫女《みこ》の女の子（小学生）が二十人ばかり並ぶ。

笙《しょう》や竜笛《りゅうてき》の楽人に続いて宮司、総代、来賓の列が宮入りし、お祓い、神饌供、祝詞などの神事が執り行われる。それが終わるといよいよ「棹の歌」の奉納である。

「たち縫わん～」と、出だしの節を室君が歌うと、続いて小学生の女の子たちが唱和する。合いの手を入れるのは小鼓、太鼓の女子高校生である。「ヤーハー」と声をかけ、ポンッと小鼓を打つ。それに合わせて太鼓がトン、トンと鳴る。こうして一番の「夏の歌」から五番の「賀茂神社の歌」までゆったりと歌っていく。

「棹の歌」はその昔、室の長者の娘・室君が神慮を慰めるために男装をして神前に奏したことが始まりとされる。「語りもの」から「唄いもの」に変わる過渡期の節調をもつ貴重なものとして、県重要無形民俗文化財に指定されている。

祭事が終わると、御旅所へ神幸渡御が行われる。室君らの後に神器、神輿が続き、「流し」と呼ばれる小学二年までの女児が桜の小枝を手に、華美な衣装で行列の最後尾につく。湾の対岸の御旅所まで行列はゆっくりと練り歩く。（小嶋）

「棹の歌」を奉納する室君（中央）

◇所在地/たつの市御津町室津75
電話079-324-0034
◇交通/山陽電鉄山陽網干駅からバス20分、室津下車、徒歩約10分
◇時間/午前10時～

4月15・16日に近い土・日曜【お走りまつり】

養父神社

勇壮な神輿の川渡御がみもの

かつて広大な社地を誇った養父神社の神輿の渡御が二日にわたって行われる。一日目の早朝、神社の前の円山川で禊《みそぎ》を行った後、神前で祭典、九時頃に神輿が神社を出発する。百五十キロほどもある神輿を担がず、駕い丁《かちょう》と呼ばれる若者十人で腰の高さに抱え込みながらの巡行はこの祭り独特だ。祭事は神功皇后の時代から伝えられ、かつて御神体は神官が身につけたり牛の背に乗せたりしてお渡りをしていたが、江戸時代になって今のような輿になった。神輿は社殿を出て円山川を渡り、右岸道路の道の駅、藪崎などの集落で練ったあと十二時頃大屋川に架かる小城橋へ。いよいよクライマックスの川渡御が始まる。

大屋川は雪解け水で流れが速く水温は八度ほどだ。まずお柴が先に渡り神輿が渡る目印の柴（弊榊・高さ約四メートル）を立てる。流れが速く、駕い丁が神輿ごと流された年もあるそうだ。担ぎ手は慎重に足で川底を探りながら水に入

冷たい激流と闘いながら川を渡る。神輿が流されたことも

る。この頃になると両岸と橋上は見物人でいっぱいになる。やがて緊張を背に、神輿は川の中程へ向かうが、水勢に押され少しずつ進路がずれ始める。励ましの声が飛ぶ。腰上まで浸す急流と戦いながら担ぎ手たちはやっと浅瀬までたどりついた。神輿が常に走るように練るところから「お走りまつり」の名がついたという。川原の焚き火に身体を温める間もなく、駕い丁たちは次の巡行地へと向かって行った。

　神輿は各集落で練りながら巡行するが最遠地まで約二十キロもあるため、道中はトラックのお世話になる。上箇公会堂、船谷・日枝神社で小休止した後、三谷の弁天社（厳島神社）で四キロほど離れた齋《いつき》神社から迎えに来た神輿と豪快に練り合わせが始まる。午後五時すぎ、迎えの神輿と共に、養父神社の神輿は建屋《たきのや》の御旅所で村人に守られて一夜を過ごす。翌日早朝、水垢離《みずごり》のあと養父神社の神輿は齋神社に参拝、神事のあと齋神社の神輿が建屋まで同道し、練り合わせしてそれぞれ帰路につく。養父市場の集落では午後五時頃提灯を掲げ神輿を迎える。家の前に神の依り代の小さな砂山「標山」が作られ、神様が通った証として駕い丁がそれを崩しながら進む。掛け声の「はっとうよござるか」とはお祝いの餅が八斗（めでたい数）でよろしいか、という意味。

　お走りまつりの歴史は神話の時代に遡る。昔、円山川の河口は狭く一帯は泥海のようだった。そこで但馬五社の神々が集まり、齋神社に坐す彦狭知命《ひこさしりのみこと》の土木技術の力を借りよう、と養父大明神を名代にたてお願いにあがった。彦狭知命は願いを聞き、早速津居山の岩山を切り崩し河口を広げると水は引き、この辺りは肥沃な土地になった。その後、養父大明神が秋の収穫の後、名代としてお礼参りするようになったという。延喜式神名帳に夜夫座神社の名がみえる古社。

　川渡御は見物人が多いが、巡行先でのお祭りは地元の人たちばかり。それがこのお祭りの素敵なところだろう。（河瀬）

練り合わせに向かう神輿が山道を登る

◇所在地/養父市養父市場840
　電話079-665-0252
◇交通/ＪＲ山陰本線八鹿駅から全但バス和田山・山口行きで20分、養父神社下車すぐ
◇時間/川渡御は１日目の正午頃～、巡行は各日午前10時頃～

4月15日【生田祭・神幸祭】生田神社

神戸に春を告げる生田祭

三宮の繁華街にあり、かつては布引山に祀られていたが延暦十八年（七九九）、春の大洪水で山が崩壊する恐れがあったため、今の地にご神体を移したといわれている。

この一帯が荘園の神戸《かんべ》であったことが神戸《こうべ》の地名の起こりで、地元では「生田さん」で親しまれ、なにかにつけ市民の拠所でもある。本殿の背後には神名備《かみなび》の森「生田の森」があり、平安の昔から多くの歌にも詠まれている。

汐なれし　生田の森の桜花　春の千鳥の鳴きてかよへる

上田秋成

祭神は稚日女尊《わかるひるめのみこと》。稚《わか》く瑞々しい日の女神といい、天照皇大神の幼名とも妹神とも。

二〇一年（弥生時代後半）、神功皇后が三韓征伐の帰路に神戸の沖合で御座船が旋回して進むことができず、務古《むこ》の水門（和田岬）に引き返して占ったところ稚日女尊が現われ、「吾は活田長峡国《いくたながをのくに》に居らむと、海上《うながみ》五十《い》狭茅《さち》に命じて生田の森に祀らしめ」とお告げがあったと『日本書紀』にあり、この時に大阪・住吉大社、神戸・長田神社、西宮・広田神社が同時に祀られ、これを四社鎮祭という。

社殿は、昭和十三年（一九三八）の神戸大水害、二十年の神戸大空襲、平成七年（一九九五）の阪神・淡路大震災などに遭遇しながらも、その都度復興されてきたことで、蘇る神としても崇拝されるようになっている。

生田祭は春祭で、十二の氏子のうちの一地区が当番となって、氏子中を代表して祭典の奉仕をする習わしになっている。午前の祭礼に続いて、午後神幸祭（お渡り）があり、神輿の渡御、時代行列、稚児行列などが続く。（原田護）

神幸祭の神輿の渡御

◇所在地/神戸市中央区下山手通１−２−１
電話078-321-3851
◇交通/ＪＲ東海道本線三ノ宮駅から徒歩３分
◇時間/祭礼午前10時〜、神幸祭午後１時〜

4月第3日曜【橘菓祭（菓子祭）】中嶋神社

菓子業者が集い神恩に感謝

菓子の神である田道間守命《たじまもりのみこと》を崇敬する全国の菓子業者が集まり、菓子を供え神恩に感謝する菓子祭。春うららの四月、中嶋神社の境内いっぱいに、子どもたちの元気な歌声が広がる。歌っているのは豊岡市立神美小学校の生徒百二十名。木琴やアコーデオン、太鼓も加わり、本殿の前に整列し、文部省唱歌にもなった「田道間守」を奉納する。

垂仁天皇に仕えていた田道間守命は、天皇の命で、常世の国へ、長生きのできる非時香菓《ときじくのかぐのみ》「橘の実」を求めて、荒海に乗り出すことになった。命がけの航海の末、常世の国にたどり着き、ようやく、非時香菓を持ち帰ることができた。しかし、十年の歳月はあまりも長く、天皇はすでに、先立たれていた。そのことを知り、嘆き悲しんだ命は、大和西の京にある御陵前に香菓を供え、亡くなった。その亡がらは垂仁天皇の側に葬られたという。

その命の遺徳をしのぶ子孫によって、祀られたのが中嶋神社である。境内に、橘のほか、キンカン、スダチ、甘夏みかんなどの柑橘類が植えられているのは、この説話によるもの。菓子は古代果実も間食物も菓子といい、橘の実が菓子の最上品とされていた。このことから、橘を持ち帰った命は菓子の祖となり、命を祀った中嶋神社は菓子の神社となった。

精いっぱい歌い終えた生徒たちは、お礼に紅白の饅頭と「お菓子くじ」をもらう。景品の菓子を手にした子どもたちは嬉しそう。待ちきれずにその場で食べる子もいれば、大事に抱えて持ち帰る子も。午後二時三十分になると餅撒きが行われて、祭りはお開きとなる。

子ども参加の中嶋神社の菓子祭りは、他の「献菓祭」のような派手さはなく親しみが沸く。（中田）

お菓子くじを引く子どもたち

◇所在地/豊岡市三宅1
電話0796-27-0013
◇交通/ＪＲ山陰本線豊岡駅から奥野行きバス20分、中嶋神社前下車すぐ、または出石行きバス20分、森尾口下車徒歩10分
◇時間/福引午前9時～、祭典・唱歌奉納午前11時20分～正午、餅撒き午後2時30分～

4月第3日曜【秋葉神社春の例祭】 秋葉神社

防火や無病息災を願って、ユーモラスな麒麟獅子舞

二〇〇五年一〇月、旧浜坂町と旧温泉町の合併により、新たに誕生した美方郡新温泉町。兵庫県の北西端に位置する同町の千谷地区（旧温泉町）・秋葉神社では、毎春の例祭の折、町指定無形民俗文化財の麒麟獅子《きりんじし》舞が奉納され、町内を賑やかに練り歩く。

麒麟獅子舞は江戸時代末期、鳥取県国府町の宇部神社から伝わったといわれる。同じ頃、大火に見舞われた千谷地区は集落のほとんどが焼失。そこで秋葉神社を火の神様として祀り、麒麟獅子舞を奉納したのが始まりのようだ。春の例祭は毎年四月中旬に行われる。祭り当日は赤装束の麒麟獅子や、面を付けた猩猩《しょうじょう》、地元の子どもたちが引く榊《さかき》が本殿で清めの神事を行った後、町内へ。家々の玄関先で太鼓や笛、鐘の音に合わせて舞を披露し、家内安全、無病息災を祈って回る。金色の頭にニョッキリと角を生やし、大きな鼻に太い眉をした麒麟は大人が見るとユーモラスだが、幼い子どもたちにとっては奇怪な訪問者。「元気で賢い子に育ちますように」と願いを込める親たちが子どもの頭を差し出して、獅子の口で噛む仕草をしてもらおうとするが、子ども本人は恐怖で泣きだす始末。その光景は昔ながらでなんとも微笑ましい。獅子舞を担当するのは主に地元の若い男性たち。住民らによる千谷麒麟獅子舞保存会では貴重な郷土芸能を後世に継承する努力を続けている。九月に行われる秋の例祭でも五穀豊穣を祈る麒麟獅子舞が奉納される。

なお、麒麟獅子舞は旧浜坂町の各神社にも伝えられており、特に大歳神社の居組麒麟獅子舞、八柱神社・三柱神社の三尾麒麟獅子舞は県指定無形民俗文化財。お囃子のリズムや舞い方などにそれぞれの特徴があり、味わい深い。（木村）

家々を賑やかに巡る麒麟獅子

◇所在地/新温泉町千谷
　電話0796-92-1870（新温泉町教育委員会分室）
◇交通/ＪＲ山陰本線浜坂駅下車、全但バス田中行き25分千谷上下車すぐ
◇時間/午前10時～夕方頃

4月中旬土・日曜【例祭】王地山稲荷社

春爛漫、負け嫌い稲荷に必勝・合格祈願

丹波篠山の桜の名所、王地山《おうぢやま》公園西側の赤い鳥居がトンネルのように続く長い石段を登りつめると、王地山稲荷社本殿がある。

元和五年（一六一九）、二代藩主となる松平信吉が高崎城から篠山城へ移封の際、土浦にあった実母の菩提寺である日蓮宗本経寺《ほんきょうじ》とともに、城中に祀られていた稲荷大明神も篠山に移し、王地山稲荷大明神と称えるようになった。

その本殿と向かい合って平左衛門《へいざえもん》稲荷社が祀られている。またの名を「負け嫌い稲荷」という。

いい伝えによれば、十二代藩主の青山忠裕が老中であった文政年間（一八一八～一八三〇）の頃、毎年春と夏に江戸両国の回向院《えこういん》広場で将軍上覧相撲が催されていたが、篠山藩のお抱え力士はいつも負けてばかり。ところが、ある年の春場所に、篠山から来たという王地山平左衛門ら八名の力士と行司、頭取の十名が現れ、土俵に上がるや意外にも連勝してしまったのである。将軍の目の前で優勝の面目を施した負け嫌いの青山公はご機嫌になり、力士たちに褒美をと家臣に命じたところ、先刻国元へ帰って行ったと。

すぐに呼び戻せと、早かごで後を追えども東海道のいずれの宿場にも姿は見えず。篠山城に着いても城代家老すら知らず。そこで城下の名主たちを集めて調べると、力士たちの名は領内の稲荷のある所とわかり、「殿様を助けようと、お稲荷さんたちが江戸にのぼったのだろう」ということに。これを聞いて青山公は幟や絵馬を奉納して感謝したという。

土曜に桜の下で〝こども奉納相撲〟、日曜は〝神輿渡御〟があり、両日とも参詣者にぜんざいの接待もある。（原田護）

赤い鳥居が続く参道を登って参拝

◇所在地/篠山市河原町92
電話079-552-0655（本経寺）
◇交通/ＪＲ福知山線篠山口駅からバス23分、本篠山下車徒歩５分
舞鶴若狭自動車道丹南篠山口ＩＣから約６キロ
◇時間/午前９時～

4月20～22日【伊弉諾神宮御例祭】伊弉諾《いざなぎ》神宮

淡路島の春祭りの代表格だんじり十基が勢揃い

祭りの多さで知られる淡路島。だんじりが繰り出す祭りも数多くあるが、伊弉諾神宮御例祭は、島の「だんじり祭り」の代表といえるだろう。例祭は四月二十日の夕べ、宵宮祭から始まり、二十一日は淡路祖霊社例祭、そして二十二日は本宮大祭と三日間にわたる。

二十二日は早朝からさまざまな神事が執り行われる。やがて境内が人であふれてくるのが、クライマックスのだんじりの宮入りが始まる正午前から。各町内自慢の絢爛豪華なだんじりが続々とやってくる。本殿前まで来ると、だんじり唄を奉納し、若い衆たちによる練りが競い合われる。だんじりを高々と持ち上げたり、倒れんばかりに思い切り揺すったりと技を披露すれば、境内の歓声も一段と大きくなっていく。

引きだんじりやかきだんじりとは異なる「舟だんじり」が登場すると、祭りが最高潮に達する。伊弉諾神宮の祭神である、伊弉諾大神と伊弉冉《いざなみ》大神が淡路への上陸に際し、舟を使ったことに因んだというだんじりである。日章旗やのぼりなどで派手に飾られた七メートルほどの舟だんじりの上には、二人の「ケヤリ」が乗り、威勢のいいかけ声で、担ぎ手を囃し立てる。激しさこのうえない練りあげの連続はスリル満点である。その後、境内では軽妙な獅子舞があり、二キロほど西にある摂社濱神社旅所への盛大な神幸へと続く。

沿道にも住民が総出となり、一行を歓迎する。祭り好きの島民が淡路三大祭のひとつに数える、淡路国一宮の大祭。春最大の楽しみにしている祭りを、島の人たちと一緒に見物し、たくさんの笑顔に出会った。

春の祭りの一日は、きっと旅人の心にも小さな幸せを芽生えさせてくれるだろう。（山本）

「舟だんじり」の練りあげ

◇所在地/淡路市多賀740
電話0799-80-5001
◇交通/津名港バスターミナルからバス20分、神宮前下車すぐ
◇時間/22日本宮大祭は午前11時頃～

4月23・24日【城崎温泉まつり】温泉寺・四所神社

開湯に感謝し、繁栄を祈願する法要

城崎温泉の由緒を語る感謝祭

城崎温泉は千三百年の昔（養老年間）、地蔵菩薩の化身と称された道智上人が村の鎮守四所明神に籠り夢のお告げによって開かれた霊湯であるという。「曼《まん》陀《だ》羅《ら》湯《ゆ》」と名付けられ衆病悉除（あらゆる病を悉く除く）・心身安楽（心と体が安らかになる）神仏霊験加護の名湯として繁栄した。

道智上人の忌日である四月二十四日は「開山忌」、その徳を尊び繁栄をもたらした温泉に感謝する行事を行っている。町の背後・大師山中腹には城崎温泉の守護寺、温泉寺が開創され、本尊「木造十一面観音立像」（国指定重要文化財）が安置されている（二十三・二十四両日御開扉）。

その頃、大谿川にかかる柳並木は萌黄色に衣更え、一年で最も和らぐ季節である。祭りを先導する僧侶の黄色い衣の裾、稚児行列の金冠、婦人たちの藍色和服の袖、総勢九十四人の出で立ちがひらひらと微風になびき水面に映る風情はくつろぎを運んでくる。二十三日には古典行列が四所神社から、二十四日には稚児行列が各外湯を巡り、温泉の末永き湧出を念じ湯祈祷を行う。温泉寺本堂・道智上人の墓前では大般若転読法要が営まれ、祭事は終了する。

もともと城崎温泉は、我が国有数の外湯と温泉情緒の町であった。詩歌・小説に登場する情景も外湯なしでは語れない。しかし時代は変革を求めたようだ。プライバシーが云々されるようになった昭和三十年代、三十四年（一九五九）十月各旅館に内湯が引かれ城崎温泉新時代が始まった。開湯以来、永年の外湯と町並共存の歴史が動く大変革である。各旅館の設備投資はもちろん、大型から中小までそれなりの気配りと共存共栄のコミュニティが城崎らしさであったのだが……。館内完結型になりはしないか？　町中へお客様が流れてくれるだろうか、食堂は？　遊戯場は？　外湯の入湯客は減らないだろうか？　町を挙げての議論が連日続いたという。

最近では浴衣姿に雪駄履きでまず外湯でひと風呂、ほてった体を大谿川の川風で休めながら、ぶらりと夕食前の町並歩きは城崎ならではのもの、湯煙旅情はいやがうえにも盛り上がる。各旅館などで浴衣一式のレンタル制度もある。

外湯七湯にはそれぞれ興味深い特徴と名前がついている。自然回帰ふれあいの湯・駅舎温泉「さとの湯」、衆生救いの湯「地蔵湯」、子授けの湯「柳湯」、開運招福の湯「一の湯」、美人の湯「御所の湯」、一生一願の湯「まんだら湯」、しあわせを招く湯「鴻の湯」となにやら意味深長な外湯である。全長二キロほどの町並をぶらぶら散策し、この地に逗留し名作『城の崎にて』を著した志賀直哉の足跡、与謝野鉄幹・晶子夫妻、吉井勇、司馬遼太郎など縁りの二十四氏の文学碑を巡ったり、レトロな遊戯場や伝統工芸麦わら細工の匠技に触れたり、城崎は楽しみ多い癒しの町である。

文人墨客も愛した城崎、身心ともに蘇る城崎温泉は住民の温泉に対する感謝の心が町の繁栄をもたらしている。（桑原）

春風も微笑む稚児行列（大谿川畔）

◇所在地/豊岡市城崎町湯島
電話0796-23-1111（豊岡市観光課）
◇交通/ＪＲ山陰本線城崎温泉駅下車すぐ
◇時間/23日宵宮　午前10時30分～午後10時
24日本祭　午前10時～午後２時

4月27・28日【春季三宝荒神大祭】清荒神清澄寺

新緑に一年の万民豊楽を祈る練供養

予定の午後一時をやや過ぎて、大祭の看板行事「練供養」が始まった。天堂への石段脇で待っていると本堂の方からほら貝と雅楽の音が聞こえ、お練りの行列が見えてきた。会奉行僧と山伏を先導に、楽人たちや供物を捧げた菩薩姿（喜代寿女）の女性たち、赤い日傘の僧侶、最後に法主の総勢約百人のきらびやかな行列が、厳かに練り歩く。

阪急宝塚線の清荒神駅から約二十分、仏具や和菓子、土産物の店と屋台が並ぶ坂の参道を登り、山門をくぐると正面に本堂。左手の石畳の坂と石段を登ると天堂が。毎日三座、三宝荒神、歓喜天尊の合行如宝浴油供《ごうぎょうにょほうよくゆく》の秘法が行われる戒壇で、この天堂から本堂へとお練りの行列が続く。

四月の大祭が年間最大の行事となる清荒神清澄寺は、平安初期の寛平八年（八九六）、宇多天皇の創意による勅願寺として創建された古刹。

本尊は、讃岐の名工・定円法眼が曼陀華《まんだげ》の香木で刻んだ大日如来像。導師の益信僧都が荒神社を祀り仏法守護と三宝加護を祈ったところ、社前の榊の木に荒神尊の御影が現れ、宇多天皇から「日本第一清荒神」の称号を賜ったという。

以来、寺は源平の合戦や織田信長と荒木村重の伊丹の合戦で再度炎上消失したが、現在地・西の谷の荒神社は災いを免れてきた。江戸末期には一代の名僧・浄界和上が諸堂を再建。昭和二十二年（一九四七）、第三十七世法主・光浄和上が〝三宝三福〟の教理に基づき真言三宝宗を開き、荒神信仰の総本山として千年の法灯を護っている。

光浄和上が縁あって収集した画聖・富岡鉄斎晩年の傑作を中心に約千二百点を年に数回企画展示する境内奥の「鉄斎美術館」（入館料三百円）も、見もの。（吉田）

楽人や喜代寿女らが華麗に練り歩く

◇所在地/宝塚市米谷字清シ1
電話0797-86-6641
◇交通/阪急宝塚線清荒神駅から徒歩20分
◇時間/練供養　28日午後1時～

夏

5・6・7月

5月3日【光明寺花まつり】五峰山光明寺

「播磨高野」と名高い名刹で秘宝公開

光明寺は播磨平野の北東、標高二百六十メートルの山にある。この山は宿尾《ふとお》・明星が辻・経《きょう》の尾《お》・大岩・弥木《やぎ》揚《あがり》の五つの峯からなり五峰山《ごぶさん》という。二万四千坪の境内を持つ光明寺は昔から播磨高野といわれて真言宗の名刹である。

寺伝によると推古天皇二年（五九四）に開創。以来幾多の戦乱に巻き込まれ、多くの伽藍と建物を失った。吉野南北朝時代に足利尊氏と弟直義との不和から生じたいわゆる光明寺合戦は有名で、『太平記』や『播磨鑑』に詳しい。現在の建物は江戸中期以後のもの。幸い本尊の十一面観世音菩薩その他の貴重な寺宝が今に伝えられている。そのうち次の二体の秘仏が、毎年五月三日の「花まつり」に一般公開される。

日本一幅善導大師自画像——大師は唐の人、大師ゆかりの地長安の光明寺を偲んで奉納された。日本に一幅しかないとされている（大慈院）。

銅造如来坐像——平安初期作で、国の重要文化財。像高二四・二センチ、重さ六キロ。穏やかな美しい顔立ち、頭部にこの時代の特徴が著しい（遍照院）。

山の中腹に駐車場があり、タクシー、自家用車もここまで。駐車場で降りたら一度眼下を見渡すこと。展望がすばらしい。本堂へは舗装坂道を徒歩で三百メートル登る。途中に大寺院遍照院や、かわらけ投げ所などがある。本堂に参って裏手に回ると光明寺合戦のときの本陣跡がある。

帰途はハイキングコースを辿り播磨中央公園に出ると、春の季節はバラ園が美しい。また山を降りて加古川に向かうと奇岩、巨岩の闘竜灘があり、五月三日は「鮎まつり」。河原の広場で太鼓・バンドの演奏や子どもたちの鮎放流などで賑わう。（小山美）

花まつりの日に公開、銅造如来坐像

◇所在地/加東市光明寺435
電話0749-47-1304（加東市商工観光課）
◇交通/ＪＲ加古川線滝野駅からタクシー10分
◇時間/午前８時～午後３時頃

5月3日【三川権現大祭】三川権現社

但馬の嶺に権現太鼓とほら貝の音が響く

氷ノ山に連なる三川山（標高八八七・八メートル）の原生林に山毛欅《ぶな》が芽吹き、石楠花《しゃくなげ》が咲き、佐津川が水ぬるみ小魚が群れる頃、山深い但馬路にようやく春を告げる祭太鼓が聞こえてくる。

三川権現社《みかわごんげんしゃ》は天武三年（六七四）、修験道の開祖・役行者によって開かれ、以後歴代の国主、出石城主仙石氏、村岡城主山名氏ほか全国にひろがる信徒の支えによって、自然災害や暴徒乱入など多くの災難を克服してきたと由緒に記されている。

三川山に薄日がさし谷間の霧が晴れる朝、権現太鼓が峰々をわたり、祭りの幕は開く。

大和の大峰山、伯耆の三徳山と並び日本三大権現と称される三川権現社に、全国各地から修験者や山伏が集まり、蔵王堂前で護摩供養が行なわれる。ひときわ高くほら貝が鳴り、境内の四方に結界の矢が放たれる。

境内に積まれた大護摩に火が入り「柴灯大護摩法要《さいとうおおごまほうよう》」が始まる。「知恵の火で煩悩を焼く」という護摩供養である。立ち昇る炎と白煙、その中から響く行者の気合いは辺りを圧し、参拝者を幽玄の世界へと導く。一心に祈願成就、家内安全の願いを込めて、煙を我が身に浴びるように呼び寄せる人たちも多い。

約千三百年前、ならず者を諭し平和をもたらしたという伝説の「三川権現太鼓」が、役行者を中心に鬼を追いほら貝を吹き竹を叩く村人の所作を振り付け、演奏される。

護摩の白煙が梢の緑を巻き、権現太鼓が尾根を越えて谺で返ってくる昼下がり、三川権現大祭は幕を降ろす。（桑原）

三川権現太鼓

◇所在地/美方郡香美町香住区三川
電話0796-36-3750（寺務所）
◇交通/ＪＲ山陰本線香住駅からタクシーで30分、または佐津駅から徒歩１時間（祭り当日、両駅から臨時バスあり三川山下車）
◇時間/午前10時30分～11時頃（護摩法要）

5月3・4日【春祭り】沼島八幡神社

国生み伝説の島、沼島の勇壮な祭り

沼島と書いて「ぬしま」と読む。淡路島本島の東南部、土生港から海上四・六キロを沼島汽船の高速船で十分で沼島港に着く。兵庫県最南端、紀伊水道に浮ぶ周囲十キロの小島、沼島は、漁業の島だけではなく、日本神話の痕跡が色濃く残る島なのである。

『古事記』によると、高天原から天つ神の命を受けた伊弉《いざ》諾《なぎ》、伊弉《いざ》冉《なみ》の二神が、天《あめ》の瓊《ぬ》矛《ぼこ》で下界をかき混ぜて、落ちたしずくがオノコロ島になったと伝えられている。それが日本国の起源とされ、候補地は淡路方面をはじめ全国で十カ所以上あるが、沼島も有力候補の一つである。

沼島八幡神社は、応神天皇を祀り、漁業を守り海上安全を祈る神社である。紀伊水道から沼島港の高く大きな防波堤を入ると、南北に長い漁船の船溜りがある、その幅に合わせて建て込んだ町並があり、八幡神社はそのほぼ中央山の手にある。背後は山地で、樹齢二百年のスダジイやタブノキが密生している。

祭りは船溜りと町並に囲まれた、長さ六百、幅約十五メートル程の道路兼広場を五基のだんじりが行き来する。島の出身者は、ゴールデンウイーク中とあって五月三、四日の祭りに合わせて帰郷してくるが、すぐはっぴに着変えてだんじりの綱を引く。勇壮なだんじりの太鼓は脇坂水軍の攻め太鼓である。

祭のクライマックスは、御神輿のお旅も無事にすみ神様をお見送りしたあと、氏子は南区や北区の「かめのこ」と呼ばれるシリップウェーからだんじりを勢いよく海に突入させる。大きな水しぶきが上がりその勇壮さは目を見張るものがある。（瀬戸）

漁港を行くだんじり

◇所在地/南あわじ市沼島2521
電話0799-57-0146
◇交通/淡路交通、土生港停留所前より沼島汽船で10分、船着場から徒歩10分
◇時間/5月3日午後5時30分～、4日午前9時～午後6時頃

5月上～中旬【だんじり祭り】神戸市東灘区・灘区

観衆を興奮の渦に巻き込むだんじりパレード

神戸市東部はだんじり地区

例年、春になると、神戸市東部の東灘区、灘区のあちこちからチンチン、かんかん、どんどん……二丁鐘、半鐘、太鼓など鳴り物やおはやしの練習の音が聞こえてくる。

そして五月上旬から中旬にかけて、神社を中心にした通りや路地は、だんじりが勇壮に繰り出し、練り、地区をあげての声援が飛び交う。

だんじり（地車）は車輪の付いた神輿で、楽車、壇尻とも表記する動く祭壇である。だんじりには地区ごとに多様な彫刻や飾りを施し、華麗さを競う。だんじり一台は二、三トンの重量があり、これを屈強な若者たちが引き、押し、回し、せり上げる。かけ声は「まーわせまわせ」「もーどせもどせ」「よーいやさあ」「そーら、そーら」などいろいろで、だんじりの上に乗った〝司令塔〟が周囲の状況を見ながら指示する。

神戸市内には現在四十台のだんじりがあり、うち三十一台が東灘区、七台が灘区にある（他には兵庫区一台、北区一台）。神戸市東部はだんじり地区と言われるゆえんである。

東灘区の場合、五月上旬の本住吉神社例大祭に合わせて行われるだんじり祭りが一つの呼び物で、例大祭前日の宵宮には朝から地区ごとに蔵出し、町引き、練り合わせが行われ、夜にかけて蔵入り。本番の本宮は例大祭に続いてだんじり宮出し、稚児行列などがある。

これとは別に魚崎～本山地区では、五月四日に阪急岡本駅とJR摂津本山駅の間の山手幹線で行なう「本山だんじりパレード」が最大の呼び物として大勢の観客を沸き立たせる。人がきで身動きできないほどにもなる。阪急御影駅南部地区でも阪神御影駅から国道四十三号線にかけてパレードが行われる。

一方、灘区では五月中旬の日曜日に、八地区のだんじりが蔵出しのあとそれぞれの地区を巡行、JR六甲道駅北側道路に集結して、練り合わせ、パレードが開催される。メーンステージ前では、全力疾走やだんじり持ち上げ、回転などのパフォーマンスが次々と披露され、詰めかけた観客から大歓声が上がる。

だんじりの歴史や起源ははっきりしていないようだが、二百年ほど前から現在のような形のだんじりを引いていたとの記録もある。昔は村の中だけの催しだったらしい。活性化したのは昭和六十年代頃だが、阪神・淡路大震災で多くが損壊。その後、往時を目指して復興が進み、市民・区民ぐるみの祭りに進化していっている。

近代化が進みビルの建ち並ぶ大都会へ変容した神戸に、こうした伝統の行事が残り受け継がれていることはうれしい。勇壮に巡行するだんじりを、同じ地区の名前を染め抜いたはっぴを着て声援する大勢の子どもたち。おはやしや鳴り物に合わせたリズムの取り方、腰の振り方も大人そっくり……。頼もしい後継者たちである。（小森）

リズムに合わせて体を揺する子どもたち。頼もしい後継者だ

◇所在地/神戸市東灘区、灘区一帯
電話078-841-4131（東灘区役所）
電話078-843-7001（灘区役所）
◇交通/ＪＲ東海道本線摂津本山駅、住吉駅、六甲道駅ほか下車
◇時間/午前９時～午後10時（地区により異なる）

5月5日【子供まつり】中山寺

安産祈願の観音さまの下でのお祭り

阪急宝塚線の中山駅で降りるとすぐに参道で、一分ほど歩くと山門がある。塔頭寺院の並ぶ道を行くと高い石段、ふと右側を見るとエスカレーターが……。もう一つ乗り継いで、楽々と本堂前の広場に出る。

寺伝では、聖徳太子創建による我が国最初の観音霊場といわれている。本尊の十一面観世音菩薩（重文）はインド勝《しょう》鬘《まん》夫《ぶ》人《にん》の姿をうつした尊像と伝えられ、安産守護、除災招福の仏さまとして信仰されている。

五月五日は釈尊誕生花まつり（甘茶接待）と、こどもフェスティバルがある。山門を入ってすぐの受付で申し込むと、スタンプラリー、鯉のぼり一字写経、手作りおもちゃ、キャラクターショーなど、いろいろなイベントに無料で参加できる。毎年たくさんの子どもたちで賑わっている。

その一方で安産の祈願や、お礼まいりの若いお母さんたち。結婚して妊娠すると五カ月目の戌の日に腹帯をする。戌はお産が軽いので、それにあやかろうとするもので、お寺で御祈祷してもらった腹帯をする人が多い。そして無事出産すると、お礼まいりに訪れる。赤ちゃんのお宮参りで美々しく装ったお母さんとつき添う人たちの幸せそうな姿もあちこちに。

お寺ではその腹帯のことを「鐘《かね》の緒《お》」といい、幕末に中山一位局《つぼね》（中山慶《よし》子）が、お寺の腹帯をうけて明治天皇を御平産されたことにより、安産の寺としてお参りする人が多くなったと伝えられる。

毎月戌の日には安産祈祷会がある。（交野）

おまいりでにぎわう中山寺本堂

◇所在地/宝塚市中山寺２−11−１
電話0797−87−0024
◇交通/阪急宝塚線中山駅から徒歩１分
◇時間/午前９時〜午後４時（午前９時30分から子供まつりイベント、甘茶の接待）

5月5日【鬼追踊】朝光寺

鬼たちは勇壮活発に舞台狭しと踊る

修正会決願の行事「般若踊」がルーツ

薫風がそよそよと吹き渡り、たわわな緑の梢がかすかに揺れる。さらさらとした音は、近くを流れる小川のつぶやきであろうか。うっそうとした森に包まれて、朝光寺の周辺はりんとした気配の漂う別天地である。森の彼方には源平合戦の古戦場、三草山が望まれ、悠々と時を刻んでいる。

寺伝によると、文治五年（一一八九）に本堂は現在地の北にある権現山から移築された。この頃にお寺の礎ができたのではなかろうか。さらに室町期に再建されて、密教寺院として整えられた。

駐車場から鹿野川沿いに二分程川上へ参道を進むと、正面に「ツクバネの瀧」を拝し左手石段の上に山門が見える。山門を通りぬけると眼前に境内のほとんどを占めるような存在感をもって、堂々たる方七間の国宝の本堂が鎮座している。その後方に控える鐘楼も小ぶりながら清楚な気品があり、重要文化財の指定を受けている。

毎年五月五日子どもの日に、呼び物の鬼追踊《おにおいおどり》が巡ってくる。起源は明らかでないが、古くは般若踊《はんにゃおどり》といわれ、修正《しゅうしょう》会《え》結願の行事として一月十五日に行われたと伝えられる。明治期になって八十八夜に変更されて、五穀豊穣を願う祭事となり、さらに戦後は子どもの無病息災を祈って五月五日に移った。兵庫県指定無形民俗文化財に指定されている。

踊りは本堂の前に特設した板張りの舞台で行われる。その広さは約百五十平方メートルほどで、邪気を祓う注連《しめなわ》飾りが置かれている。柵の代わりに舞台回りに張られたビニールテープに沿って、期待に胸を膨らませた観光客やアマチュアカメラマンが、ぎっしりと取り囲んでいる。

祭事の開始を告げるように、僧衣に威儀を正した一行約十人が人並みを分けて静々と堂内に消えた。声高な読経が響き渡り、聖なる祈りが本尊に捧げられる。やがて午後一時に、本堂正面の柱に吊り下げられた半鐘がゆっくりと鳴らされて、いよいよ本番。踊の主役は翁と赤鬼、青鬼、黄鬼、黒鬼で、縫いぐるみをまとい、仮面を付けている。

まず、住吉明神の化身とされる翁が身の丈ほどの松明を奉じて登場し、舞台をぐるぐる回ってお祓いをする。続いて鬼たちが待ちかねたように一匹ずつ飛び出して、大仰な行動に出る。青鬼は斧を引っさげ、黄鬼が錫杖を振るわせ、黒鬼は太刀を片手に反り返る。足をとんとん踏み鳴らし、毛髪を逆立て、躍動感にあふれている。松明を振りかざした赤鬼は煙に包まれ、火の粉が飛び散り、付き添いは水を振りかけて火消しに大忙しである。四匹の鬼たちが勢ぞろいして舞台狭しと乱舞する頃には、踊は最高潮に達する。

踊は一時間半ほどで終わり、観衆は舞台に散った黒焦げの燃えくずを競って拾い、縁起物にする。続いて餅撒きもあり、お祭りはフィナーレを迎える。

大槻眞而住職は「地域の人々や信徒に支えられてきた。伝統ある行事を大切に守っていきたい」と語っている。（栴）

本堂前で鬼追踊の準備が進む

◇所在地/加東市社町畑609
　電話0795-44-0735
◇交通/ＪＲ東海道本線三ノ宮駅から三宮・西脇線バス80分、社で乗り換え15分、朝光寺口下車徒歩50分
◇時間/午後１時～２時30分

5月5日【伊勢久留麻神社例祭（春祭）】

伊勢久留麻《くるま》神社

圧倒的なふとん太鼓の練り回し

午前十一時から神事が始まるというので、ちょっと早めにと十時過ぎに着いたら、もう鳥居のところで「ふとん太鼓」がもんでいる。国道から参道への入口で、多くの警察官が出て交通整理。これは期待がもてそうだ。

すでに先着のふとん太鼓が到着していた。十一時から本殿祭と呼ぶ神事。氏子が着席し、神殿の扉が開かれ、供物がそなえられる。七つの三宝のそれぞれに餅、魚、神酒など。祝詞があげられ、厳かな雰囲気……と思っていると外にざわめきが。「引きだんじり」が入ってきたのだ。鉦《かね》、太鼓の音も聞こえ、神事の方も笛、太鼓の奉納が始まっている。

十一時三十分から「直会《なおらい》」。だんじりなどのかつぎ手、地元からの人たちは、集落ごとに大きく広げられた青シートの上で飲む者、食う者。青空の下、のどかな風景。午後の練り回しの前の静かなひとときでもある。

この日はふとん太鼓二基（森、大北集落）と引きだんじり（引野集落）、それにギャル神輿だった。近くの松尾神社、事代主神社とも関連しているので、多い年には集落の数だけ全九基出ることもある。参道で練り回して宮入りし、社殿前で歌を奉納する。古い節回しで弥栄《いやさか》を祈念するものだが、この時は「華麗な舞いのイナバウアー」「鉄人金本世界一」など、時事性もおりこんだものでおもしろかった。

最後は数百メートル浜手にあるもとの御旅所まで練って終了する。地元で「久留麻の明神さん」と通称される伊勢久留麻神社（祭神・大日孁貴尊《おおひるめむじのみこと》＝天照大神）は、淡路三の宮といわれるほどの古社。時代は変わっても、土地の人が引き継いできた素朴な愛着を感じる祭りだ。（松田）

青空の下、真っ赤なふとん太鼓が舞う

◇所在地/淡路市東浦町久留麻2033
電話0799-74-2258（松尾神社）
◇交通/ＪＲ山陽本線舞子駅から明石海峡大橋の高速舞子バス停で淡路交通バスに乗り換え26分、久留麻下車すぐ
◇時間/午前11時～

5月5日【幟まわし】出石神社

子々孫々の繁栄を願う「幟まわし」

城下町出石には武家の暮らしに基づく生活文化や生活習慣がいくつも残っている。約三百年前、信州上田からお国替えで仙石氏とともにやってきて出石ならではの特産品として定着した「出石そば」などは最も顕著な例であろう。その他、応仁の乱西軍の大将山名宗全、「沢庵漬」の元祖沢庵和尚、明治維新で活躍した桂小五郎の潜伏地、天気予報の創始者桜井勉の出身地であったり、偉人逸材の話題は枚挙にいとまがない地である。

　但馬の国一の宮出石神社由緒記によると、祭神天日槍命《あめのひぼこのみこと》は『日本書紀』『古事記』にも登場する王子であり、泥水の底であったこの地方を海岸（日和山）の岩場を開き干拓に成功し威風堂々と幟を立て帰還したとある。その道中を模して始められたのが「幟まわし」。いつの頃からか端午の節句の五月五日と定められ、男児の成長を祝う祭事になった。

　「幟まわし」は十三人の少年たちで構成され三重の輪に分かれ内側三人が言上役、中の輪五人が竹法螺役、外側五人が石突き役と言われている。ほら貝の音で言上役が「よいよいばいやな、池のはたのくいちろうが、すた切ってはなあて～（中略）～もひとつまわってしょうぶしよう」と大声をあげる。「すた」とは瀬戸の意味らしい。

　少年たちは神社前でひとしきり真田幸村・豊太閤・静御前などの幟を立てまわし、旧家の門前や辻々で回しながら宮内区内で今年男児が誕生した家々を訪れる。幟まわしがひととおり終ったあと神社で餅撒きをする。年々歳々、伝統的な祭りにも少子化の影響などで、いくつかの変化を余儀なくさせている。誇らしげに幟をまわす少年たち、幾星霜の後どのような思い出の一ページを飾っているのだろうか。（桑原）

勇壮な幟まわし

◇所在地/豊岡市出石町宮内
電話0796-52-2440（社務所）
◇交通/ＪＲ山陰本線豊岡駅または八鹿駅または江原駅からバス30分、鳥居下車
◇時間/午後０時～３時頃

5月8日【仏母会・花会式】摩耶山天上寺

全国唯一の仏生会

お釈迦さまの生母である摩耶《まや》夫人を本尊とする日本唯一の摩耶夫人堂がある忉利天上寺《とうりてんじょうじ》。大化二（六四六）年、孝徳天皇の勅願により、インドの法道仙人が忉利天にましますま摩耶夫人のために釈尊自ら感得造立されたと伝える十一面観音像を奉安し創建。その後、弘法大師が唐より帰朝の折、梁の武帝自作の香木造りの摩耶夫人像を請来し、山号を仏母摩耶山と名付けられた。像は、唐の頃、中国で女人守護の女身仏として崇拝信仰されていたもので、女性のあらゆる難病や苦しみを救い、とくに安産と子授け、子育ての守護仏として広く知られている。由緒によると、安産腹帯を日本で最初に授けた寺としても有名で、女人守護の本山・女人高野などと謳われ、女性の信仰を集めている。

仏母会・花会式は五月八日。一般の仏生会・花まつりとは異なり、中央に摩耶夫人を奉安し、その前に日本一の大きさ（総高一メートル）といわれる誕生仏（甘茶仏）をまつり、参詣者が甘茶を注ぐ。また、五月十五日には仏母忌・花供養も執り行われるが、これも全国唯一の法会。仏母摩耶夫人を「母なるものの永遠の象徴」として讃え、それに重ねて、自分自身の母の恩徳を追慕、感謝する心情を花に託し、花そのものを供養するという意味合いを持っている。

天上寺は古くから郷土の俳人に親しまれていたが、蕪村とその一門が往来するようになり、広く俳句の山としても知られている。ウグイスやホトトギスが鳴く境内からは、淡路島、小豆島などが遠望でき、格好の吟行地である。仏母会と仏母忌は、五月の頃の季語ともなっている。若葉、青葉の頃、清々しい山上ドライブを楽しみながらの参詣をすれば、俳句のひとつもひねりたくなるかも知れない。（前畠）

あでやかな彩色の摩耶夫人像が印象深い仏母会・花会式

◇所在地/神戸市灘区摩耶山町2-12
電話078-861-2684
◇交通/摩耶ロープウェイ星の駅から徒歩10分
◇時間/午前9時～

5月18日【融通観音大祭】甲山神呪寺《かんのうじ》

年に一度のご本尊・如意輪融通《ゆうづう》観音座像開帳

甲山《かぶとやま》は西宮市のほぼ中央にあり、トロイデ式火山の美しい姿が、市の南部を東西に横切る阪急神戸線、JR神戸線、阪神本線の車窓から見える。標高は三百九メートルの死火山だが、爆発せず、溶岩が盛り上がって出来た。そのため、標高一千メートル近い六甲連峰の中で、標高は低いのに南にせり出している姿が、いやでも人目につく。まさに西宮のシンボルである。

真言宗御室派別格本山・神呪寺は甲山の中腹にあり、甲山大師の名で親しまれている。本堂は海抜二百メートルの高さにあり、石段の上がり口のバス道から山頂まで二十万平方メートルが境内地である。本堂や多宝塔、鐘楼等がある中央部分は石積みの舞台がせり出し、ここから見下ろす、甲山山裾、県立森林公園や、その先の大阪平野や大阪湾の景観がすばらしい。

天長八年（八三一）、淳和天皇妃である真井御前（如意尼）が、仏道三昧するために宮中を抜け出し、弘法大師・空海を導師にして建立したと伝えられ、本尊は、如意輪融通観音座像で、聖観音立像、不動明王座像、弘法太子座像とともに、国指定の重要文化財である。弘法大師・空海が如意尼を写して桜の一木から彫り上げた仏像だともいわれ、その存在感には圧倒されるものがある。

毎年五月十八日の大祭の日に開扉法要が行われ、秘仏のお厨子の扉を開いて見ることができる。写真撮影はできない。

五月の甲山は緑が美しく、善男善女達はリュックを背負って、時には阪急甲陽園駅から三キロの登り道を歩いて参拝していた。お守りは融通小判で、これを財布や金庫の中に納めれば、金運に恵まれお金が融通すると言われている。（瀬戸）

国重文・如意輪融通観音座像

◇所在地/西宮市甲山町25-1
電話0798-72-1172
◇交通/阪神本線西宮駅からバス25分、甲山大師前下車すぐ
◇時間/午前9時～午後5時頃

5月21日【尉姥祭（お面掛け神事）】高砂神社

尉姥神社相老殿の神事で翁面を捧げる能楽師

「尉と姥」の御神像の返還を記念して

東播磨の中央を兵庫県最大の河川である加古川がゆったりと流れる。まもなく瀬戸内海に注ぐ地域に高砂神社がある。神社は南が正門になっており、石の大鳥居が目じるし。平成七年（一九九五）の阪神・淡路大震災で倒壊したが、さっそくに再建されている。

高砂神社の由来によると、今より約千七百年前、神社創建の折、境内に一本の松が生い出て、その根は一つで雌雄の幹が左右に分かれていたので、人はめでたい象徴として神木霊松と称えていたところ、尉と姥の二神が現れ「我は今より神霊をこの木に宿し、世に夫婦の道を示さん」と告げられた。これより人々は、この霊松を「相生の松」と呼び、この松の前で縁結びの式を挙げるようになった……とある。

上代以来、和歌に、謡曲にと有名なこの相生の松は、現在五代目。高砂神社会館の傍らで緑も鮮やかに歴史を誇っている。「尉と姥」の御神像は、天正年間（一五七三〜一五九二）、戦乱のうちに行方知らずになっていたところ京都で見つかり、寛政七年（一七九五）五月二十一日に返還され、御還座奉祝祭が行われた。それ以来、「尉姥祭」は曜日にかかわらず二十一日に行われるようになった。

「お面掛け神事」はその祝いとして伝承され、今に引き継がれている。当日は尉姥神社相老殿に、市長をはじめ有志・一般客が昇殿を許される。待つうちに午前十一時頃となり、神前に恭《うやうや》しく宮司が進み祝詞をあげ、献茶に次いで観世流能楽師、シテ方が進み出て面箱から社宝の「翁」の面を取り出して着ける。厳粛なうちに、「とうとうたらり……たらりや」と祝いの舞を奉納。観世流職分の上野朝義氏は代々高砂神社にゆかり深く、この日他所に能の行事があってもここを欠かすことはない。

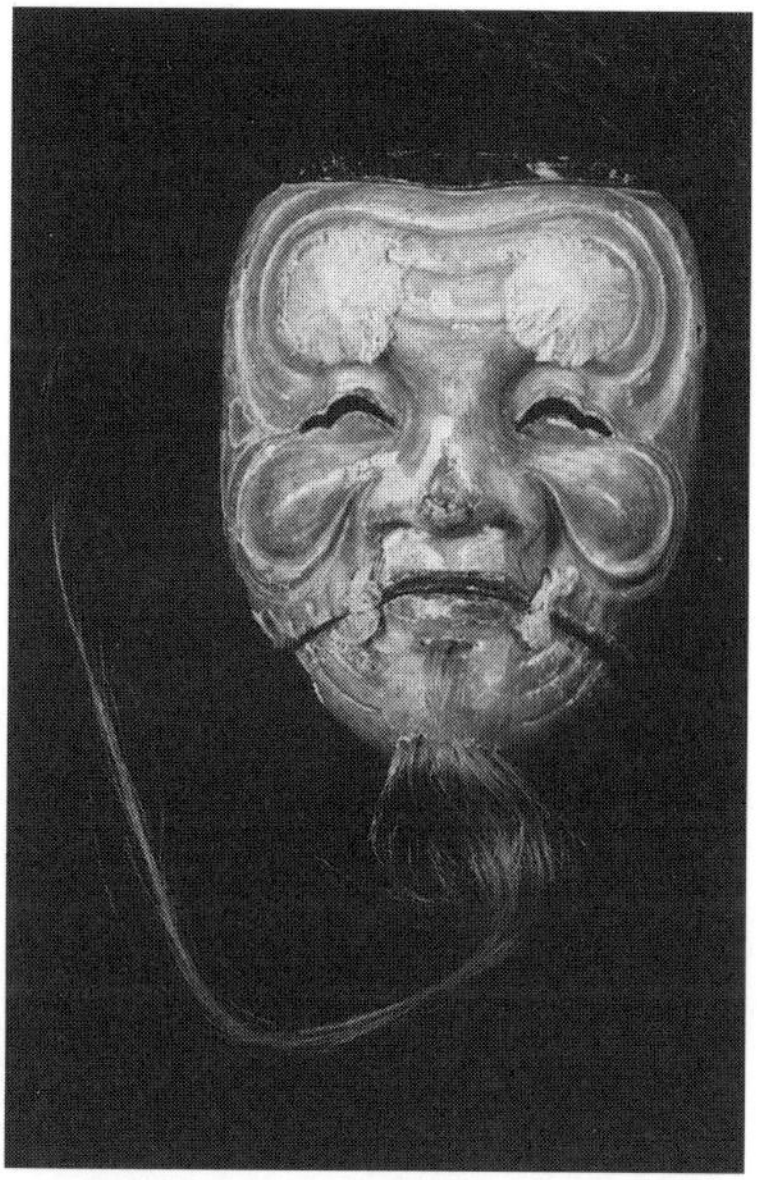
社宝の翁面

一方、境内の能舞台では、十二時頃から同じ上野家の雄三氏による仕舞奉納があり、多くの椅子が用意される。次の出演者は小中学生から大人までの大合唱団。曲目は謡曲「高砂」だが、謡をうたうのではなくて合唱曲に編曲した「コーラスたかさご」を歌う。練習は、かなり大変と聞くが、舞台の上ではみな明るく楽しそう。地域の誇りがここにも息づいている。また、最近まで古式四條流の包丁式が行われていた。

広い境内ではお茶席（有料）、各流派のいけ花展などもある。フリーマーケットに集まる店が四十件近くも出る「高砂楽市」では、山野草・盆栽・園芸用品から骨董品、雑貨・生活用具までが揃っていて終日賑やか。掘り出し物を目当てに遠方から来る人も多いと聞く。

またこの辺りは、十輪寺や歴史上知られる古刹も多く、帰りには古い町並を駅までゆっくり歩くのもよいのでは。グルメファンには穴子がお勧め。高砂の焼き穴子は広く知られている。（小山美）

◇所在地/高砂市高砂町東宮町190
電話079-442-0160
◇交通/山陽電鉄高砂駅下車、徒歩15分またはバス7分高砂神社前下車徒歩すぐ
◇時間/午前11時～

5月第3金~日曜【神戸まつり】

神戸市中央区ほか

「みなと祭り」と「神戸カーニバル」の発展形

神戸まつりの歴史をたどれば、「港の祭り」に辿りつく。第一回みなと祭りが開催されたのは、昭和八年（一九三三）。日本全土が経済不況で、人の心も疲弊していた。これをなんとか払拭したいという思いで、「みなと祭り」が計画された。折から神戸に来ていた、アメリカのポートランド市関係者から同市のローズフェスティバルの話を聞き、当時の市長が、街の活性化と市民の心のよりどころとして企画したと、いわれている。伝統的な祭りとは違い、市民創造型の新しいタイプの祭りを創りあげようとした。「みなとの女王」の選出。戴冠式。国際大行列、市電の軌道上を運行した花電車。懐古行列、市内の電飾などが行われたという。

みなと祭りは、その後も年々賑わっていったが、次第に戦時色が濃くなると派手な催しは中止となり、神事だけが行われた。戦後、昭和二十二年に復活。二十五年の「神戸博覧会」を機に懐古行列が、その翌年には国際大行列が加わり、

子どもたちのサンバチーム

初期の祭りへと戻っていった。

神戸まつりのもうひとつのルーツは、神戸カーニバルである。昭和四十二年、「神戸港開港100年祭」の一環として、みなと祭りが、例年の十月から五月に繰り上げ盛大に開催されることになった。その前夜祭として行われたのが、神戸カーニバルだった。

これは、報道関係者からの声に、商工会議所、青年会議所、婦人団体協議会など多くの団体が賛同して開催されたもので、三宮東遊園地を中心に歌、踊り、仮装などのパレード、芸術家グループによる壁画などなど、光と色と音楽に溢れた楽しい祭典だった。以後、五月の祝日をはさみ三日間開催されることになった。しかし、その後、交通事情の悪化により、昭和四十六年、「みなと祭り」と「神戸カーニバル」を発展的に解消し、「神戸まつり」として、毎年五月の第三日曜日に実施することになったのである。

第一回神戸まつりは「花と海と太陽の祭典」をテーマに開催され、クイーン神戸を選出する中央祭典を皮切りに、パレード、若者によるサンバ、演奏が夜まで行われた青年広場などが実施された。第十一回は、「神戸まつりポートピア'81」として、折からのポートピアの会場内で開催された。平成七年（一九九五）、阪神・淡路大震災。当然ながらまつりは中止。翌八年、「祈り、感謝、生きる歓び」の特別テーマのもと、七月に移し、神戸まつりは復活した。

第三十回記念の平成十二年には、花電車、懐古行列も再現。花火大会と共に七月に定着か、と思われたが、平成十四年の第三十二回から五月に戻った。前夜祭は、各区がそれぞれに企画する。

参加団体も年々増え、フラーワーロードのみならず、メリケンパーク、旧居留地、北野界隈。催し物、場所も広がった。今や、神戸観光の最大の呼び物である。（小山乃）

阿波踊りも参加

◇所在地/神戸市中央区加納町6－5－1神戸市役所1号館17階
電話078-331-2413・内線3983，4
（神戸市国際文化交流課内、神戸市民祭協会）
◇交通/JR東海道本線三ノ宮駅ほか下車
◇時間/おまつりパレード：金曜の午前11時～午後4時30分頃

5月24〜26日【楠公祭】湊川神社

クスノキ茂る境内で大楠公に舞楽や歌謡を奉納

楠《くすの》木《き》正成《まさしげ》（大楠公）を祀る。大楠公は、後醍醐天皇の命を受け、鎌倉幕府の北条軍と戦い、奇策・知謀の限りを尽くして奮闘、倒幕に導き、建武中興に大きな功績を上げ、厚い信任を受けた。しかし、無念の敗北から勢力を結集した足利尊氏・直義の大軍が、九州から京に攻め登って来ることを知った正成は、朝廷に足利氏と和睦するのが得策であると進言したが、受け入れられなかった。延元元年（一三三六）五月二十五日、兵庫湊川で奮戦したが、衆寡《しゅうか》敵せず殉死した。勝ち目はないとわかっていた大楠公が、息子正行《まさつら》に対して忠・孝の本義を説く「桜井の決別」の場面は、後世詩吟・能・唱歌など様々な様式に創作され、語り継がれた。「青葉繁れる桜井の……」で始まる唱歌（作詞落合直文・作曲奥山朝恭）は桜井の決別・敵軍襲来・湊川の奮戦の三部作、十五番からなる。

この社の特色は「人を祀る神社」で、明治天皇の御沙汰より創建されたことだ。別格官幣社の嚆矢《こうし》となり、七千二百余坪を境内とされた。現在の社殿は戦災後の昭和二十七年（一九五二）の再建で、権現造風鉄筋コンクリート建てである。

楠公祭は毎年「楠公武者行列」を伴ったが、現在は数年ごとに、総勢八百名からなる「楠公武者行列」をもって渡御する。行列を行わない年は、拝殿前で舞楽、「楠公の歌」のコーラス、太鼓演奏等の神前奉納行事が行われる。その他境内には史跡・大楠公戦没地と墓碑、光圀公銅像、神能殿、宝物殿、楠公会館などがある。大楠公にちなんで楠樹が多く、その新緑の波は格別の趣きがある。平成十九年（二〇〇七）には「大楠公六百七十年大祭」が盛大に行われ、五年ぶりに「楠公武者行列」も絢爛豪華に挙行された。（藤嶽）

楠公御墓所を拝礼する

◇所在地/神戸市中央区多聞通３－１－１
電話078-371-0001
◇交通/高速神戸駅下車すぐ
◇時間/宵宮祭は午後５時〜、本祭は午前11時〜、翌日祭は午前10時〜

5月最終日曜【めぐみ廣田の大田植え（御田植神事）】

廣田神社

初夏の風物詩、御田植えが復興

日本人の暮らしは昔から米作りを中心としてきたので、年ごとの御田植えは大切な行事で、地域をあげて賑々しく行われた。廣田神社には五百年以上の歴史をもつ御田植神事があったが、地域の都市化や阪神・淡路大震災などで絶えかけていたのを、平成十一年（一九九九）に西宮の歳時・風物詩として伝統をふまえて復興された。

朝九時、御饌田《みけでん》（たんぼ）の大田主である作丁長をはじめ、豊穣の使いの物忌童女、早乙女、田人たちが揃って本殿にお参りして、田植えの無事と豊作を祈願し、新しい早苗と田を清める御神水を受け取り、太鼓の音とともに行列を組んで御饌田に向かう。御饌田は参道沿いの大社町内にあり約二〇〇平方メートルの水田である。

神事のあと、茜だすきに菅笠姿の早乙女や田童たちが田植唄や能管《のうかん》の演奏に合せて水稲の手植えをする。物忌《ものいみ》童女や早乙女は地元の中・小学校の女子、田童は男子小学生で、慣れない田植えに挑んでいる。御田植え唄や太鼓は西宮市民踊協会の人たち。都会っ子の早乙女や田童が泥に足をとられはしないかとハラハラしたが、笑顔で植え終えた。

年配の者にとっては懐かしい風景であるが、今はたいてい機械が植えている。テレビなどで見ていると、一苗一苗器用に植えていて、ひょっとしたら、日本の原風景はこの「大田植え」で残さなければ、見られなくなってしまうのではないか、そんな気さえしてくる。

九月の末頃には抜穂祭、十一月二十三日には豊作を感謝する新嘗祭が行われる。（交野）

早乙女たちも列を組んで

◇所在地/西宮市大社町7−7（廣田神社）
西宮市大社町1（御饌田）
電話0798-74-3489
◇交通/ＪＲ・阪神西宮駅または阪急西宮北口駅からバス、広田神社前下車すぐ
◇時間/御田植祭午前9時〜、行列出発午前10時〜、御田植行事午前10時30分〜

5月最終日曜【相生ペーロン祭】相生湾競漕会場

「ドン・デン・ジャン」に飛び散るしぶき

　相生ペーロン祭は、毎年五月最終土曜日が前夜祭で海上花火大会。日曜日は、海上の部のペーロン競漕と陸上の部のパレード・カーニバルが行われ、いずれも播州に初夏の訪れを告げるイベントとして知られて人気がある。

　日曜日午前九時、国道二百五十号線沿いの、堤防が階段状になっているペーロン競漕観覧席の人出はまだまばら。対岸の工場敷地に張られたテントは、関係者や選手の控え場所らしく、もうたくさんの人影が動いているのが小さく見える。相生湾内の競漕コースで、ウォームアップを始めているのは最初のオープンレースに出場する船だろうか。

　競漕する船は、龍に見立てた、ペーロン船と呼ばれる長さ十三メートル、幅約一・六メートルの木造船八隻で、呼び方は中国の「白龍」パイロンがなまったといわれている。

　競漕は、艇長、舵取り、太鼓、銅鑼《どら》各一名と漕手《こぎて》二十八名、計三十二名が乗りこみ、櫂《かい》を持った漕手は両側に二列に別れて、太鼓と銅鑼の「ドン・デン・ジャン」のリズムにのり、「ヨーイヤサー」と掛け声を合わせながら力いっぱい漕ぎ、片道三百メートルを右回りにUターンする往復六百メートル（男子決勝戦は九百メートル）のコースを、一レースに四艇が出漕して速さを競い合う。

競漕は復路にかかり観覧席も熱くなる

ペーロンは中国が起源とされ、大正時代に長崎から伝わった。相生でペーロン競漕が誕生したのは大正十一年（一九二二）、長崎県出身の播磨造船所（現・石川島播磨重工）従業員が望郷から始めたというから八十余年の歴史になる。

昭和三十八年（一九六三）から「相生ペーロン祭」になり、市民の祭りとして盛大に行われているが、時代の変化とともにチームの形態も変化して、以前は企業チームが主だったが、最近はペーロン好きの仲間が集まって作ったクラブチームが半数以上にもなっているとか。みんな好きなのだ。

ゴール目前！

昼食後の二次予選が始まる頃は、ピクニック気分のファミリーや仲間ぐるみの応援団などで観覧席は過密な感じになっている。三脚を立てて多くのカメラマンが陣取っているのはUターン地点。ここは、漕ぎ手が疲れてリズムが乱れるし、舵取りの技にも差が出て順位が入れ替わることもある、見どころ。その瞬間を狙うカメラの放列ができている。

平成十八年（二〇〇六）、第八十四回相生ペーロン競漕は、オープンレースから一般男子、一般女子などの区分に、大阪、高知、長崎なども含め七十二チームが参加して、それぞれがチームカラー溢れるレースを展開し、最後に、優勝チームが海上を力強く凱旋したのはもう夕方だった。薄曇りの一日だったが、約四万五千人が恒例の競漕を楽しんだ。土曜日午後四時からはペーロン体験乗船ができる。

陸上の部の相生ペーロン祭パレード・カーニバルは、市役所周辺が主会場で、子ども会のドラゴン踊りや播州各地から参加したよさこい踊りなど二十四団体、千四百人余りが演舞を繰り広げ、沿道の観客を楽しませた。（三浦）

◇所在地/相生市旭・相生港～相生湾
電話0791-23-7133（相生市役所産業振興課・相生市ペーロン祭協賛会）
◇交通/ＪＲ赤穂線相生駅からバス10分
ポート公園前下車すぐ
◇時間/土曜日（海上花火大会）午後７時50分～、日曜日（ペーロン競漕）午前９時30分～。（但し08年に限り６月７～８日に変更）

6月第1日曜【湯村温泉まつり】荒湯地蔵尊

夏菖蒲は勝負に通ず、七百年来の祭り

清流春来川に沿って宿が建ち並び、荒湯、薬師堂、温泉会館、喫茶店、土産物店など主要な施設が軒を接している湯村温泉の歴史は、千二百年の昔慈覚大師の開湯に始まる。以来、山陰の名湯として親しまれ、芭蕉も「今日ばかり人も年よれ初しぐれ」の句を残している。昭和五十年代後半には吉永小百合主演のドラマ「夢千代日記」でその名を馳せた。

「湯村温泉まつり」は、弘安（一二七八～八八）の頃から始められた。別名「花湯まつり」、浴槽に入れた香り高い菖蒲湯を楽しみ、菖蒲綱を引いて勝負運を占ったという。

前日、町衆が集い、玉縄五百束、菖蒲三百三十束から直径五十～六十センチ、長さ百メートル、重さ四トンの綱を編み上げる。本祭りは朝八時、祭事・荒湯供養、開祖報恩感謝供養に始まり、稚児行列、神輿練込みと進む。午後三時、菖蒲酒鏡開き、振舞酒が配られる。温泉橋付近から中心街を約百メートルの菖蒲綱が通りを縦断する。株結びという中心の太い節目で上組・下組に分かれ太綱から左右に伸ばした一本十メートルほどの子綱に片側四～五人が取り付き引き合う。

ルールの説明と観光客や衆人へ参加の呼びかけがあり外国人客や都会のお嬢さんも勇んで綱に取りかかる。号砲一発「ソーレッ！」「ヨイショッ！」総勢三百人、しだいに掛け声が早まり五メートルの差がついたところで勝負は決まる。今年も下組が勝った。長寿安泰である（上組勝利は五穀豊作）。上組・下組共に綱引きが無事終了したことを祝い万歳三唱。荒湯の湯煙に夕陽がにじむ時刻《とき》、湯の町演歌が流れ温泉情緒が戻ってくる。「からっ、ころっ」足駄のひびきが聞こえたような……空耳か夢千代の幻か……振り返りつつ湯村温泉を後にした。（桑原）

湯村温泉、大菖蒲綱引き

◇所在地/美方郡新温泉町
電話0796-82-3111（新温泉町商工観光課）
◇交通/ＪＲ山陰本線浜坂駅からバス20分、湯村温泉下車すぐ
◇時間/午前８時～午後５時頃

6月5日【但馬久谷の菖蒲綱引き】久谷聚落

旧暦端午の節句に山間集落の祭り

今でこそ鉄道（JR山陰本線）も道路（国道一七八号線）も通じているが、昭和初期までは海上交通が主役であった。周辺には平家の落人部落が点在する山間の秘境である。

久谷の聚落は狭い谷間を流れる久谷川と瀬間谷川のわずかな平地に、土蔵と白壁がくっきりと浮かび上がりさながら夢に見る浮島のような華麗な佇まいで自然と溶け込んでいる。

旧暦の端午の節句には、刈り取ってきた菖蒲・よもぎ・すすきを二〜三本ずつ束ね屋根に投げ上げ、家の神棚に粽《ちまき》と御神酒を供え無病息災・五穀豊饒を祈るという。この日、若衆たちは午前零時になると前年結婚した夫婦が住む家の前庭に幟を立て男児誕生を祈願する。その後、未婚の者が集まり、酒盛りをする風習もあると聞く。翌日の午後、地域の小中学生がいくつかのグループに分かれ竹竿に針金をつけた「引っ掛け棒」で屋根の菖蒲の束を降ろし、綱作りの材料として集会所に運び込む。

準備は原則男性のみで行う。「第一段階」は材料仕分け、

出来上がった大菖蒲綱を担ぎ聚落を巡り中道へ

編み始め、三本一組を二組編む。「第二段階」では三本を一本に縒り、直径三十センチ・長さ二十メートルの綱二本が編みあがる。「第三段階」で二本の綱の頭部分を折り曲げて繋ぎ、長さ四十メートルの菖蒲綱が完成する。出来上がった綱は子どもたち若連中全員で肩に担ぎ、久谷川・瀬間谷川間の町道、通称中道の綱引き場所へ運び作業は終わる。

夜の帳《とばり》が降りる頃、三三五五町衆は集まってくる。

久谷の菖蒲綱引きは「子ども組」と「大人組」に分かれて行われる。瀬間谷川側に小学生と一・二年生の母親と祖父母の「子ども組」、久谷川側には若連中、壮年と老年男性の「大人組」がそれぞれ法被に鉢巻姿で位置につく。

久谷菖蒲綱保存会（昭和五十三年結成）の会長挨拶の後、「石場《いしば》搗《つ》き唄」に合わせ、「エートー・エートー」の掛け声で綱を持ち上げ地面を叩く。唄い手が七つ歌い終わるのを合図に綱引きが開始される。勝敗はどちらかが三メートル移動したところで世話役（審判役）が判定する。七番勝負、一勝負ごとに休憩し再び七つ唄って綱を引く。これを七回繰り返す。

暗がりに浮かぶ提灯、朗々と谷間に響く唄声、呼応する掛け声、過ぎ行く刻を忘れるひととき、突如として鬨《とき》の声が闇を裂く。一番目から六番目までは勝敗に拘わらないが七番目は「納め綱」と言って「大人組」にはどうしても勝たねばならない使命がある。勝つことで「一年の安泰・無病息災・豊作が約束される」という。昔から大人組は綱を何かに縛り付けても勝ちに拘わったとの伝えも残っている。また未婚女性の組織「処女会」もあったそうで、往時から今につながる村を挙げての大イベントであった。

「但馬久谷の菖蒲綱引き」は、国の重要無形民俗文化財。久谷菖蒲綱保存会では菖蒲の栽培、菖蒲綱作りの技術伝承、石場搗き唄、綱引き指導などに取り組んでいる。（桑原）

伝統と誇りが綱を引く

◇所在地/美方郡新温泉町久谷
電話0796-82-4580（新温泉町浜坂町観光協会）
◇交通/ＪＲ山陰本線久谷駅下車すぐ
◇時間/綱つくり：午後３時頃〜、菖蒲綱引き：午後８時頃〜

6月14日【おこしや祭り】西宮神社

浴衣姿のビワ娘が神輿と練り歩く

関西の夏祭りのさきがけとして知られる「おこしや祭り」は、地元でこの日から浴衣の着初めをするところから「ゆかた祭り」、また旬の果物ビワを供えることで「びわ祭り」とも呼ばれている。浴衣姿のビワ娘たちが、ビワの入った籠を手に、小さな神輿や氏子たち、雅楽の楽人らと繰り広げる祭列は、まさに初夏の風物詩。

祭りの由来は、えびす信仰の総本社だけに、えびす様自身が主人公。その昔、鳴尾の浦の漁師が武庫の沖で漁をしていて、えびす様の像が網にかかったが、魚でないと一旦海に戻し、和田岬で網を入れると再び同じ像が上がって来た。

これはただ事ではないと思い、家に持ち帰って祀っていたところ、夢の中で「西方に宮地があるので案内いたせ」とお告げがあり、漁夫は村人を集めえびす様を輿に乗せて出発。行列の途中で一休みされたえびす様は居眠りを。なかなか目覚めないので困った漁夫が尻をつねって起こし、ようやく今の神社に着いたと言い伝えられる。

この尻をつねった所が御輿屋《おこしや》跡地で、祭の日は参拝者が娘たちの尻をつねってもよいという風習が生まれた。昭和初期までは、女性が洗面器や座布団を尻に当てるなどしていたが次第にエスカレートし、遂に警察から禁止命令が出たとか。

午後二時に本殿で神幸発輿祭のあと、二十分から神輿や氏子、ビワ娘ら約五十人が神社を出発。門前の中央商店街や本町筋を巡行して五百メートル離れた御輿屋跡地へ。三時からの「おこしや祭り」では、巫女の神楽奉納があり、参列者にビワの配布と冷たいお茶がサービスされる。

神輿が本社に還るのは夜九時すぎ。境内は午後四時から昔懐かしい縁日が出て、屋台や大道芸で賑わう。（吉田）

浴衣姿のビワ娘の祭列は初夏の風物詩

◇所在地/西宮市社家町１−17
電話0798-33-0321
◇交通/阪神本線西宮駅から徒歩５分
◇時間/午後２時〜３時30分頃

6月22・23日【姫路ゆかたまつり】長壁《おさかべ》神社

参拝後は夜店をのぞきながらそぞろ歩き…

「風流大名」からの粋な配慮でゆかた参拝

姫路では、この日からゆかたを着る習わしという。姫路市中心部、西二階町商店街の中にある長壁《おさかべ》神社のゆかたまつりは、ゆかたを着た人々が街をそぞろ歩きするだけの、なんとも心豊かな伝統のお祭りである。

長壁神社は、千年以上前から姫路城のある姫山に地主の神として祀られていたが、豊臣秀吉が姫山に三層の天守閣を築き、続いて池田輝政が現在の姫路城を築くと、一部の武士以外は参拝できなくなってしまった。

江戸時代に入り、姫路城主・榊原政岑《さかきばらまさみね》は、一般の人も気軽に参拝できるように思い立ち、社を城内から長源寺の境内に移して遷座祭を開催した。それが今から二百六十年余り前の夏至の日であったので、六月二十二日を例祭と定めたが、あまりに急なことで、その祭りに奉仕する人々は式服を作る暇がなくゆかたを着たことから、その後、例祭に参拝する人もゆかたを着るようになり、ゆかたまつりと呼ばれるようになったと伝えられている。

しかし、長壁神社の由緒書は、風流大名として知られていた榊原政岑が、江戸・吉原から身請けした高尾太夫とゆかた姿で浮かれ出たのが本当と記している。粋な話ではないか。もともと、この時期の気候や風土になじむ、おおらかな感覚で生れた洒落た祭りだ。

それだけではない。姫路を離れることになった榊原政岑を慕い、惜しむ市民たちが、長壁神社前の十字路に巨大な回り灯篭を吊るして政岑の心を慰めようという長源寺住職の提案に、喜んで協力し、製作し、奉納したという。

夕方、増便した路線バスが大手前通りのバス停に着くたびに、ゆかた姿の家族連れや若いグループの人たちがどっと降りてきて、みるみる人があふれる。根強い人気だ。ゆかた姿なら、市内バス料金が半額になるし、お城、好古園、美術館など市営施設は入場無料。商店街も参加店は割引きサービスなどの特典がある。

姫路ゆかたまつりのもうひとつの話題は、十二所線より北から姫路城南側にある大手前公園までの通りや広場を埋め尽くす夜店の多さだ。全国各地から集まる露店は一千店近いとか。その数は西日本一、いや日本一ともいわれている。いろいろな店を覗いて、童心に帰るのもいい。

イベントのスタートは二十二日午後四時三十分、こどもゆかたパレードが姫路城三の丸広場を出発し、手に手に走馬灯を持って家老屋敷跡公園まで歩く。到着すると五時からオープニングセレモニーだが、子どもたちを意識した出し物が最近の特徴になっている。

姫路ゆかたまつりは二百六十年余り続く伝統の祭りで、開催期間もゆったりと三日間であったが、心ない一部の人たちの騒動対策で、平成十八年（二〇〇六）から二日間に縮小された。多くの市民が、これまでのように郷土色豊かな、落ち着いて静かに楽しめる、平和な祭りを望んでいる。（三浦）

夕方、家族づれで賑わう西二階町商店街

◇所在地/姫路市立町（長壁神社）、大手前公園ほか
電話079-287-3656（姫路ゆかたまつり振興協議会）
◇交通/長壁神社はＪＲ・山陽電鉄姫路駅から徒歩５分
大手前公園は、ＪＲ・山陽電鉄姫路駅から徒歩10分
◇時間/午後４時30分～９時30分

6月30日【輪ぬけ祭】曽根天満宮

無病息災祈り三回くぐって人形《ひとがた》を神前に奉納

菅原道真公は太宰府へ左遷される延喜元年（九〇一）、曽根天満宮から東南約二キロメートルにある伊保港へ船を寄せて、神社の西方にある日笠山に登り、風光明媚な播磨灘を賞賛して、「我に罪なくば栄えよ」と祈り、松を植樹された。

これが霊松曽根の松で、江戸時代の漢詩人、頼山陽《らいさんよう》が奉納した「霊松詩」などが境内の文化資料館に展示されている。現在の松は五代目であるが、初代の幹も保存されている。また、小林一茶やシーボルトなど文人墨客が数多く訪れて、詩文などを献上しており、往時の隆盛が偲ばれる。

この曽根天満宮の夏祭は「輪ぬけ祭」で、参拝者は拝殿前にしつらえた茅《ち》の輪をくぐって無病息災を祈る。

六月と十二月の末には全国各地の神社で大祓《おおはらえ》の祭事が行われる。それぞれ一年の半期の区切りであるが、夏の方が一般的で賑やかに行われており、特に近畿地方では、昔から茅は魔除けに効能があると考えていたらしく、大きな茅の輪を社殿前に置き、それをくぐり抜けて参拝するので茅の輪くぐりとか輪抜け祭りと呼ばれて親しまれている。

曽根天満宮では、近辺で刈り取った茅で直径二メートル超の大きな茅の輪を拝殿前に置き、当日は参拝者が絶えない。

輪抜け祭のもう一つの特徴は人形である。社務所で配布する人の形に切られた紙に、生年月日や名前を書いて、身体をなで無病息災を祈りながら息を吹きかけ、茅の輪を三回くぐってから神前に奉納する。これで半期の罪や穢れを人形に託して追い出し、身体は清められる。

神事が行われる午後五時頃から、露店が並ぶ境内には浴衣姿の子どもたちや参詣の人たちが増え始め、七時頃には輪抜けを待つ行列ができて参拝者はピークになる。（三浦）

三回くぐって神前へ

◇所在地/高砂市曽根町2286−1
電話079−447−0645
◇交通/山陽電鉄曽根駅から徒歩５分
◇時間/午前９時〜午後９時

7月7〜13日【祇園祭】高砂神社

本家より十日も早く楽しむ夏祭り

七夕の七月七日、日暮れになると浴衣姿の子どもたちが三三五五、高砂神社の境内に集まって来た。旧暦だと七月は初秋だが、今の暦では一番蒸し暑い梅雨の時期。行灯《あんどん》に灯が入る午後六時は、まだまだ暑い。汗を拭きふき奉納された行灯を見て回る。神前に氏子の個人や企業など、能舞台の前には町内の子どもたちが描いた絵や書の行灯が、合計で約三百五十灯。日が落ちるにつれて夕闇に浮かび上がり、夜店の明かりも華やいでくる。点灯は、八日以降は夜七時から九時まで。

七月十七日〜二十四日の京都八坂神社より十日も早く始まる高砂神社の祇園祭。世阿弥の能楽「高砂」の相生の松で知られる古社の夏祭は、六月三十日の「夏越の大祓式」でスタートする。午後八時の大祓式に続いて疫病退散を願う「茅の輪くぐり」。茅の輪は祭神・素盞鳴命《すさのおのみこと》の伝説に由来する。続く祇園祭は、京の神泉苑で貞観十一年（八九〇）に始まったとされる疫病退散の「祇園御霊会」が、高砂神社でも八坂神社の祭神・牛頭天王《ごずてんのう》を祀り後に素盞鳴命を習合することで、縁起に基づいて夏祭りとして始められたもの。

七日の第一夜祭から十三日の第七夜祭まで本殿で、毎夜七時から神事が行われ、十四日朝に祭りが明ける。九日の第三夜祭の後、金比羅宮で「金比羅祭」が斎行され、海運や漁業など海事に関する安全と繁栄が祈願される。

期間中、境内には神農講の夜店が出て、夕涼みを兼ねた参拝客で賑わうほか、土・日曜を中心に日替わりで奉納相撲をはじめ新舞踊や和太鼓の奉納、ちびっ子のど自慢大会、豪華賞品の大ビンゴゲームなどが催される（一部は雨天中止）。祭りの期間中は拝殿の前に七夕飾りの笹竹が設置され、参拝者は短冊に願い事を書いて吊るす風習がある。（吉田）

子どもたちの描いた行灯がズラリと並ぶ

◇所在地/高砂市高砂町東宮町190
電話079-442-0160
◇交通/山陽電鉄高砂駅から徒歩15分
◇時間/神事は毎夜午後7時〜。行灯点灯は同7〜9時

海の日を含む土・日・月曜【夏祭】　海神《わたつみ》社

海の神にこの夏の無事を祈願

海神社の祭神は底津綿津見神《そこつわたつみのかみ》、中津綿津見神《なかつわたつみのかみ》、上津綿津見《うわつわたつみの》神《かみ》の三神で、総称して綿津見大神《わたつみのおおかみ》と呼び、天照大神を配祀している。呼び名は、古くはアマ神社、または、播磨国明石郡垂水郷に鎮座することからタルミ神社、現在では、祭神名からワタツミ神社、一般には海の文字をそのまま表現してカイ神社と呼ばれている。

本来、航海安全、漁業繁栄の神であるが、別名日向大明神や衣《え》財田《たからだ》大明神ともいわれ、漁業、農業、商業など、すべての家業繁栄、家運隆昌、衣食住満足の神として崇敬されている。

縁起によれば、神功皇后が三韓征伐の帰路に暴風雨に遭い、御座船が進めなくなった。皇后が自ら綿津見三神を祀ったところ、たちまち風雨はおさまり、無事都へ帰ることができた。そのため、この地に社殿を建てたのが鎮座の由来とされる。

海神社馬場先浜（垂水漁港）には高さ十二メートルの朱塗りの浜鳥居が立っている。ここから本殿まで国道二号線をまたいで、多くの露店が並ぶ。

土曜日は宵宮祭。三日間を通しては夏越《なごし》の祓《はらえ》神事で、六《みな》月《づき》祓《のはらえ》ともいう。本殿前に設置された茅《ち》の輪をくぐって無病息災を祈願する。制服姿の船員の参詣も見られる。

月曜日の夜は万燈祭がある。また併せて、海の記念日祭も行われる。（原田護）

茅の輪をくぐって無病息災を祈願

◇所在地/神戸市垂水区宮本町５－１
　　電話078-707-0188
◇交通/ＪＲ山陽本線垂水駅からすぐ。
◇時間/土曜宵宮祭：午後３時～
　　日曜夏祭：午前11時～
　　月曜万燈祭・海の記念日祭：午後７時～

7月第3日曜【おしゃたか舟神事】岩屋神社

古社の由緒にちなむ、海の男たちの勇壮な海上渡御

明石漁港のすぐそば、潮の香りが漂う住宅街に建つ岩屋神社は古代、成務《せいむ》天皇の勅命により淡路島の岩屋から御祭神を遷し、祀ったと伝えられる古社である。明石城主の氏神としても信仰を集めた。夏の大祭「おしゃたか舟神事」は、御祭神を迎えるために明石の名主六人衆が新しい舟を造って淡路島へ渡り、赤石（現在の松江海岸沖）付近で一泊して翌朝、現在の場所へ御祭神を鎮座したという由緒にちなむもので、明石市の無形民俗文化財に指定されている。〝おしゃたか〟とは〝おじゃった〟が変化したもので、〝神様、よくおいでくださいました〟という思いが込められている。

祭りは、前日（宵宮）早朝の神事を経て、七月第三日曜日午前十時より本殿にてスタート。宮司や氏子、明石漁港青年団の若者たちが揃い、六柱の御祭神を全長約二メートル、重さ約四キロのおしゃたか舟六隻に還御する神事が行われる。続いて一行は徒歩すぐの明石漁港へ。明石大橋や淡路島の島影を望む湾の中、いよいよ海上渡御の始まりだ。幟をはためかせた御供船が見守る中、白褌に赤鉢巻姿となった明石漁港青年団の若者たち約三十人が六隻のおしゃたか舟と共に海へ入り、「おしゃたかー」「おしゃたかー」と唱えながら、立ち泳ぎで舟を高く掲げ、前へ、前へと押し出していく。見物客が人垣をつくる中、海の男たちの熱気溢れる光景だ。ちなみに江戸時代はおしゃたか舟を頭上に掲げて立ち泳ぎのまま、淡路島まで渡っていたそうだが、昨今は安全面の理由から護岸内を泳ぐだけとなった。おしゃたか舟はその後、御供船に曳航されて青い海原を疾走し、赤石付近へ。宮司が三種の神器を海へ献上し、海上安全と豊漁を祈った後、次々と帰港し、祭りは静かに終焉を迎える。（木村）

潮風の中、進むおしゃたか舟

◇所在地/明石市材木町８−10
電話078-911-3247
◇交通/ＪＲ・山陽電鉄明石駅下車、徒歩10分
◇時間/午前10時〜正午頃

7月24・25日【家島神社夏祭り】家島神社

だんじり船が港を巡航、海上の安全と豊漁を祈願

家島諸島は姫路市の沖合十八キロの播磨灘に浮かぶ島である。家島、坊勢島、西島、男鹿島ほか無人島合わせると、灼四十島ある。総人口は約八千人で、昭和三年（一九二八）に家島町が発足し、平成十八年（二〇〇六）に姫路市となった。

坊勢島には兵庫県下随一の漁港があり、各島は大方が花崗岩で形成されていることから石材業が盛ん。関西空港も中部空港も家島の石で出来たと言っても過言ではない。家島も坊勢も天然の良港で、ここを基地にした石材運搬等の海運業は、全国有数である。

家島神社は、大己貴命《おおなむちのみこと》、少名《すくな》彦命《ひこなのみこと》、天満天神の三柱を祀り、播磨灘の総守護神として、海上安全、漁業隆盛等を祈る。七月二十四、二十五日の夏祭りには、宵宮の提灯行列に続いて翌日の本祭りには、二組のだんじり船が登場する。二隻の船を並べ、その上に舞台を組んで色とりどりの幟を立て、曳き舟に引かれて家島湾内の船着場を回って獅子舞いを奉納する。

だんじり船は、真浦、宮の地区が保有していて、真浦の獅子舞いは、兵庫県の重要無形民俗文化財に指定されている。神社は海岸の大鳥居から石段を上がった山の中腹にあり、周辺は原生林で覆われているが、海岸に沿って歩くと、旧姫路藩の砲台場跡がある。だんじり船は大鳥居の脇に着岸し、その右手の港には、姫路や近くの島から祭り見物にチャーター船がやってくる。

島にはバス路線もタクシーもないから、移動は船か徒歩かである。二十五日の夜は、花火が家島の空と海を明々と彩った。（瀬戸）

家島神社とだんじり船

◇所在地/姫路市家島町宮　家島神社
電話079-325-0356
◇交通/姫路港より家島、坊勢または高福汽船で30分
宮港より徒歩15分、真浦港より35分、島内公共交通なし
◇時間/24日午後7時～25日午後8時頃まで

秋

8・9・10月

8月1・2日【だんじりまつり】貴布禰《きふね》神社

大阪・天神祭りに匹敵したけんらんの時代も

がつん——激しくぶつかり合うだんじり。からみあったまま一瞬の静寂の時が流れるうち、観衆のどよめきが起こり、口々に「こっちが勝ちや」と、年季の入った的確な判定を告げる。

かつては勇壮なケンカが売り物でもあった、だんじりの山合わせ。向かい合った二台のだんじりがぶつかる寸前に前部の棒鼻を持ち上げて突進、棒鼻が上になった方が勝ちというルールで行われる。

この地は江戸時代の文化・文政期、瀬戸内の海産物、紀州・四国の木材などの集散地として栄え、威勢のいい町人文化も花開いた。

夏祭りに行われる多数の船だんじりの渡御は、大阪・天神祭に匹敵する華麗さだったというが、近代の工業都市化で地域住民は流出、国道四十三号線建設で地域も分断、祭りも衰退していった。

しかし平成元年（一九八九）に半世紀ぶりに船だんじりが復活、陸だんじりも往時の賑わいを思わせて東桜木町、西桜木町、御園町など各地域から繰り出してきて、神社側の広場は人垣で大賑わい。

山合わせの付き物は〝大阪締め〟だが、大阪では「うーちましょ（チョンチョン）、もひとつせえ（チョンチョン）」とかけ声ごとに二つずつ拍手するが、ここでは、すべて三つずつ。そして「いおうて三度……」の手拍子はなく鉦、太鼓が鳴らされる。淀川を越えて変形したのだろうか。

祭神は、タカオカミノ神と呼ぶ雨乞いの神様。代々の尼崎城主は祈雨の神事に熱心だったという。（小森）

「どっちが勝ち？」観客は固唾をのんで見守る

◇所在地/尼崎市西本町6－246
電話06-6411-0170
◇交通/阪神本線出屋敷駅から徒歩10分
◇時間/1日は午後7時30分から宮入りと辰巳太鼓の「暴れ太鼓演技」、2日は午後6時から「だんじり山合わせ」。

8月3日【本郷の川裾祭《かわすそ》】椋の木公園

時を映して流れる川に万感こめて

この時期、各地で「夏越《なご》しの祓い＝茅の輪くぐり」、「虫送り」といった行事が行われる。川裾祭もそういった「夏の風物詩」といわれる行事の一つ。

丹波のこの地域でも、成松、黒井、市島、石生《いそう》などで相次いで行われる。本郷、成松は瀬戸内海にそそぐ加古川水系、他は日本海にそそぐ由良川水系であるのも、「全国一低い分水界」の地域として面白い。

地域の人にとっては、生活に密着した川に感謝し、けがれを流し、無病息災を願う行事だった。「裾」や「下」の連想から「川裾様」は婦人病の神様ともされたようだ。

まだ陽が高いうちから露店が出てステージの準備も完了。土手に上がると拝礼所が設けられていて、笹が張られている。その眼下、川面に突き出すように桟橋があり、先端に簡素な祭壇がしつらえられている。

暮れなずむ頃、露店あたりが賑やかになってきた。近くの伊尼宮《いちのみ》神社から神主さんが到着。土手の上では子ども会が灯籠を販売。一基三百円。

午後六時から桟橋上で神主さんと地元代表二人による神事。そして子どもたちによる灯籠流し。ゆるやかな流れにのって、流れてゆく。手を合わせる子どもたち。百メートル下流では灯籠回収隊が待機している。「川を汚したらいかんし、来年また使えるし」……時代を写している。明治の鉄道開通までは、ここまで十五石船が上ってきていた。

船運で栄えた本郷。今は八十戸ぐらい、小中学生合わせて三十三人という小さな集落の祭りだが、人の世は変わっても川の流れは変わらず、川裾祭を愛する地元の人の心も変わらない。（松田）

たそがれの中、子どもたちが灯籠を流す

◇所在地/丹波市氷上町本郷
電話0795-82-8210（丹波市観光協会氷上支部）
◇交通/ＪＲ福知山線石生駅から本郷口までバスがあるが、最終便が早いので復路は不便。タクシーは駅から椋の木公園が10分
◇時間/午後６時～

8月第1金~日曜【姫路お城まつり】姫路城周辺

始まりも市民が立ち上がる

姫路お城まつりは、第二次世界大戦の空襲で焼け野原になった姫路の街を再興しようと、昭和二十二年（一九四七）、市民の提唱で第一回が開催されている。奇跡的に焼失をまぬかれてそびえ立つお城のように立派な復興を目指そうと、姫路城が桜に映える四月に市民が立ち上がったのだ。

昭和四十二年、夏の開催に変わり、翌年には「お城の女王」も誕生した。四年後、開催日を八月第一土曜、日曜に変更し、「市民パレード」や「総おどり」に加えて「姫路城薪能」がスタートした。

白鷺城とも呼んで、市民がこよなく愛する姫路城は、昭和二十六年に国宝に指定されているが、池田輝政が築城して以来四百年の歴史の中で一度も戦をすることなく、近代の空爆にも遭わず、全体がよく保存されて数多くの国宝や重要文化財などを持ち、姫路市のシンボルであることから、平成五年（一九九三）十二月、日本で初めて、ユネスコ（国際連合教育科学文化機関）の世界文化遺産に登録された。白鷺は市民の希望に応えて世界へ羽ばたいたのだ。

お城まつりの前夜祭「姫路城薪能」

平成十八年からは、歴史パレードに豊臣秀吉の軍師として天下統一を助けた播磨出身の戦国武将、黒田官兵衛を讃える「黒田二十四騎行列」や、これまで別日程で行っていた「ひめじ良さ恋まつり」が加わり、三日間の開催になった。

幕開けの初日は、夕闇迫る三の丸広場で、ライトアップされて闇に浮かび上がる大天守を背景に、かがり火に照らされた「姫路城薪能」が人々を幽玄の世界へ誘い魅了する。

二日目は終日、様々なイベントがお城周辺に展開する。見どころは、「お城の女王発表会」に続いて、午後三時、大手前通りでお披露目された新女王らがテープカットして始まる五時間にわたる「お城まつりパレード」。

四時頃からは、姫路市消防音楽隊を先頭に、約三十団体が登場して多彩な表情を見せる「市民パレード」。薄暮の頃には、歴代城主行列や徳川家康の孫、千姫に扮したお城の女王らが華麗な時代絵巻を繰り広げる千姫輿入れ行列など大観衆が待つ「歴史パレード」。七時頃からは約二千人の市民が播州音頭にあわせて一斉に踊る「総おどり」が披露されて最高潮になる。ほかにも大手前公園で食の祭典、家老屋敷跡公園でステージライブ、みゆき通り商店街では小学生たちのイベントなどが繰り広げられている。

三日目は、チームごとに衣装や音楽にも工夫した千五百名を超える踊り子たちがエネルギッシュな演舞を披露する「ひめじ良さ恋まつり」が終日開かれる。

播磨の夏を彩る姫路お城まつりは、市民が誇る世界文化遺産、姫路城下で、みんなが参加して楽しめる姫路市最大のイベントとして年々パワーアップしているので、内容や時間については下記へ問い合わせて確認してください。


（三浦）

大手前通りのパレード風景

◇開催地/姫路城三の丸広場・大手前通り・大手前公園周辺ほか（雨天中止）問合せ＝姫路市観光交流推進室、電話079-287-3656
◇交通/ＪＲ・山陽電鉄姫路駅から徒歩10分
◇時間/初日午後６時30分～９時
２日目午前８時～午後８時
３日目午前９時30分～午後９時

8月第1金~日曜【淡路島まつり】洲本市市街地

「ヤットサー、ヤットサー」のかけ声とともに、2日間繰りひろげられる「おどり大会」

島内最大のおどり大会と花火大会

淡路島最大の夏祭りで、島の出身者が里帰りを兼ねて楽しみにしている「淡路島まつり」。多くの観光客も訪れ、洲本の夏はこの祭りで最高潮を迎える。「淡路島まつり」は三日間開催され、初日と二日目が洲本市街地での「おどり大会」、三日目が洲本港から大浜海岸での「花火大会」となる。

第一回目の「淡路島まつり」の開催は、昭和二十三年（一九四八）。戦争で疲れた人々の心を癒やそうとの思いから始まったという。当初は、だんじり唄や盆踊り、人形浄瑠璃など、淡路島内の伝統芸能を一同に集めた演芸会のようなものだった。回を重ね、次第に阿波踊りが主流の「おどり大会」へと変化していった。八月一・二・三日の三日間と長年固定されていた日程も、おどりの参加者や見学者の便宜を図り、八月第一週の金・土・日曜（年によっては、七月最終週の週末から八月第一週という場合もある）になった。

「おどり大会」は二日間で四十六の踊り連が参加、約四千人が登場する。午後五時三十分に本町商店街八丁目を最初の連がスタートし、次々と元気よく繰り出していく。「ヤットサー、ヤットサー、ヤットサー、ヤットヤットヤットヤットサー」のかけ声と鉦や太鼓が洲本の市街地に響き渡り、見ているだけで浮き浮きしてくる。阿波踊りの連がほとんどだが、洲本独自の踊り連もある。「おまあや」と呼ばれ、幕末から明治にかけて、洲本の踊りの中心であったものを、復興した連だ。「おまあや」は淡路の方言で女性が男性に呼びかける「おまえさん」という意味。うちわをパンパン鳴らしながら踊っていく。

ユニークなのが、「凧踊り」を披露する連。阿波踊りにない独特のものをということで創作された踊りで、やっこ凧が空高く舞い上がったり、凧の糸が切れて、きりきり舞いをしたりと曲芸的に面白おかしく踊る。凧の糸を操る踊り手とやっこ凧に扮した踊り手の絶妙の呼吸に、沿道からヤンヤの喝采が沸きあがる。徳島から人気の阿波踊り連も参加し、こちらも大声援を受けていた。

そして、三日目。祭りのフィナーレを飾るのが「花火大会」。約五千発の花火が打ち上げられるのは、洲本港外港の南防波堤。花火見物のベストポイントとなる、大浜海岸一帯や洲本港周辺には夕方から続々と人が集まりだし、数多くの露店が並び、日暮れとともに身動きできないほどの混雑になってくる。午後七時五十分、待ちわびた一発目の花火が打ち上げられると、連続して花火の大輪が夜空に咲き乱れていく。国産の花火玉ばかりを使い、種類の多さでは、群を抜いている。そして、海上での花火大会ならではの見どころは、名物「水中スターマイン」。海面すれすれの真横に花火が炸裂し、目の前の海面に反射する。花火師の技が光る見事な花火である。

夜空と海面の両方を鮮やかに彩りながら、約一時間続く花火のクライマックスは「大瀑布」。迫力満点の滝の流れが海に降り注ぐようで、感動的である。（山本）

おとこ踊りも賑やかに

◇所在地/洲本市本町８丁目→市民広場（おどり大会）
洲本港・大浜海岸（花火大会）
電話0799-22-2571（淡路島まつり実行委員会）
◇交通/洲本高速バスセンター下車
◇時間/「おどり大会」17時30分～、「花火大会」19時50分～

8月第1土・日曜【波々伯部《ほうかべ》神社祇園祭（夏祭）】

波々伯部神社

丹波の山里、実りの中を山車がゆく

「昔は山車《だし》の周りに一升瓶が並んどった」「山車にあたって死者がでたこともある」と土地の人が言う。各地の祭りの普通の風景だったろうが、それも時代の流れでここでも淡々と流れている。そのおとなしく見える今の祭りの進行が、丹波の山里のしっとりとした風景ともあいまって、外から来た者にとっては何ともいとしいもののように思える。

八つの集落から山車が続々と宮入りする。宮司さんは山車を「サンシャ」と言った。ダシ、ダンジリ、地元の人の言い方はまちまちだ。御輿《みこし》も加わり、参道を往復する。

これに三～四年ごとに「胡瓜山《きゅうりやま》」二基が加わる。竹をさいて巨大な籠のように編み上げる。仕上がりは最高八メートルの高さにもなる。形はキュウリにも、先のとがった米粒にも似ている。「川原に生える竹を使うが、百二十本も毎年、良質の竹が揃わない」（宮司）という。

胡瓜山のある年は、その舞台で「デコノボウ」が演じられる。竹串を骨とした素朴な人形の芝居で、人形浄瑠璃の祖形と見られるものだ（国無形民俗文化財）。

山車は、数百メートル離れたお旅所「大歳森《おおとしもり》」まで渡御する。その道筋の左右は、穂をつけかけた稲田、そしてブランドがもてはやされる丹波黒豆の畑。これが丹波の山里にのどかな風景を演出する。胡瓜山のない年は、この往復二時間ほどに同行するのがメーンの見どころであろう。

十一世紀末、波々伯部村が京都・祇園社に寄進せられた。この祇園祭も筋目のとおったものと察せられる。社伝では七世紀末の創建ということだから、古社らしい由緒正しい例祭といえよう。（松田）

お旅所へ山車の渡御がつづく

◇所在地/篠山市波々伯部５
電話079-556-3382
◇交通/ＪＲ福知山線篠山口駅から神姫バス福住行きで波々伯部前停留所まで50分。下車すぐ。（神姫バス篠山営業所079-552-1157）
◇時間/宵宮午後４時～９時30分、例祭午後２時～６時30分

8月8日【羅漢寺千灯会】羅漢寺

幽玄の灯りに浮かぶ羅漢さんの顔、顔

太陽の下で見る顔、夕暮れの蝋燭の灯りで見る顔——、羅漢さんのもの想う表情が昼と夜とで変わる。境内に四百数十体の石の仏が肩を寄せ合うように並ぶ。午後六時すぎ、保存会や奉仕の人たちが開く二軒きりの夜店に灯が入り、浴衣姿の親子連れが集まり始める。まるでみんな知り合いのようだ。おしゃべりの輪があちこちにでき、子どもたちはお接待のかき氷に列をつくる。

つかのまの夕焼けのあと境内は深い藍色に沈んだ。本堂での法要の後、灯は境内の献灯台に移され、参拝の人たちはもらった蝋燭に灯を移し、羅漢さんの前に供えてゆく。琴、尺八などの献奏のなか参拝者が増え始めた。

いつも言われるのは「いつ頃、誰が、何のために」この仏を彫ったのだろうか、だ。飢饉？　戦い？　疫病？　亡くなった人の事を思い出しながら石を刻む古人の姿を想像してみた。じっ、と顔を見ていると何か話しかけてきそうな気がしてくる。背が高くエキゾチックな顔、太りぎみ、怒っているの、泣いているの、首にお怪我、肩を寄せ合ったこの二人は恋人？——揺れる炎の中で石仏との会話は尽きない。

羅漢寺の歴史は詳しくはわからない。昔あった小さな庵が始まりのようだ。境内の仁王像の背に慶長十五年（一六一〇）の改修の銘があり、記録として江戸時代、大正十五年と三度の改修が行われたらしい。大正の改修ではあちこちに散らばっていた石仏を今の地に集め供養のために羅漢堂が建立され、後に羅漢寺として独立した。本尊は薬師如来。自然のままの境内に聖天堂、庚申堂などが点在し季節の花がひっそりと咲く。グループならボランティアガイドを頼める（要予約・観光まちづくり協会０７９０—４２—８８２３）。（河瀬）

子どもたちの願いに耳を傾ける羅漢さん

◇所在地/加西市北条町北条1293
電話0790-43-0580
◇交通/北条鉄道北条町駅から徒歩25分
◇時間/午後6時頃～
◇石仏保存協力金（拝観料）/千灯会当夜無料/通常・200円

8月9日【星下り大会式】中山寺

梵天奉幣で迎えるクライマックス

　西国三十三所の観音様がこの日、中山寺（二十四番札所）に集まるとされ、すべての霊場にお参りしたのと同じ功徳があるといわれる。伝えによると、三十三所巡礼を復興した花山法皇の頃、七月九日（旧暦）から七日間大供養を行い、十日五夜の刻（午前三～五時）に辨光《べんこう》僧正の前に観音様がお姿を現されたとのこと（五夜は、一夜を五分した五番目）。

　また、卜部左近という修行者が毎日数万遍も真言を唱え、信心はより強固となって、三十三所の霊場を巡礼した。元和二年（一六一六）七月九日に中山寺に参り、一心に真言を唱えて、夜中ふと空を見上げると、無量の菩薩を前後左右に擁して三十三所の観音様がおられた。その美しさはたとえようもなく、やがて中山寺の観音様が金輪をもって極楽浄土に続く門扉を開くと、諸尊はその中に入っていき、卜部左近もその後に続いた。中は現世の百倍はあろうかという明るさであった。卜部左近は大喜びで「今いる浄土は何処でしょうか」と問うと、観音様は「ここはお前の清浄な心の中にある浄土であって、お前が作り出した浄土である。心が仏を作り、それが形となって現れ、すべての仏たちを摂取する。十万億土は遠い所ではない」と答えられた、と伝えられる。

　夜九時、まず僧侶と伶人の厳かな進列に始まり、次に五ケ院の講の人達が隊列をなし、ワッショイワッショイと石段を登ってくる。そして本堂内陣に奉祀されている各塔頭寺院の梵天を取り出し、本尊前で所作を行う。本堂内陣では大般若の転読が同時に行われ、いよいよ、クライマックス。太鼓の演奏に続いて、本堂前広場に各塔頭寺院の梵天が現れ、その功徳をふりまくかのように広場いっぱいに練り歩く。四万六千日の功徳日である。（交野）

夜9時、大きな梵天を担いで練り歩く

◇所在地/宝塚市中山寺2-11-1
電話0797-87-0024
◇交通/阪急宝塚線中山駅から徒歩1分
◇時間/午後3時～稚児梵天、梵天奉幣は午後9時～

旧暦7月13〜15日【盂蘭盆法要】関帝廟《かんていびょう》

華僑のお盆「普度勝会《ふどしょうえ》」

関帝廟は俗に南京寺とも呼ばれ、正しくは慈眼山長楽寺という。明治二十一年（一八八八）に、東大阪市布施にあった長楽寺が廃寺になるのを神戸に移し、関帝、十一面観音、天后聖母を祀ったのが始まりとされている。それまでも、神戸に住む華僑の人たちの間では関帝が信仰の対象として祀られてはいたが、ここに中国の伝統寺院として一つに統合されたのである。

かつては宇治市の黄檗宗大本山萬福寺につながる寺であったが、現在はどの宗派にも属さず、関帝廟として独立した寺院で、社団法人中華会館が管理している。

祭神の関羽《かんう》は『三国志』の英雄で、蓄財にたけ、商売に最も必要な信義を重んじ約束を守るという人柄から商売の神としても知られている。その両脇には関平と周倉を従え、右に聖観音、左に天后聖母を祀る神仏混合の廟は、神戸に住む華僑の人たちの心のよりどころでもある。

神戸で初めての盂蘭盆会は昭和九年（一九三四）に開かれて以来、戦争で中断しながらも関帝廟を代表する重要な行事として守り続けられている。

旧暦で行われるが、その年の事情によって前後することがある。

法要は、故人があの世で楽しい生活ができるように、立派な紙細工の冥宅を作って遺影を飾り、寝室や応接室、さらに車やプラズマテレビ、パソコン、麻雀卓などが飾られ、花や果物、料理を供え、線香がたむけられる。

参拝は午前九時から午後十時までで、最終日は午後九時三十分から獅子舞の奉納、最後に冥宅を燃やして送火供養が行われる。（原田護）

極彩色の本殿

◇所在地/神戸市中央区中山手通7－3－2
◇交通/神戸市営地下鉄県庁前駅から徒歩5分
◇時間/午前9時〜午後10時
◇問合せ/社団法人中華会館
電話078-341-2872

8月14日【ケトロン祭】宝山寺《ほうざんじ》

静かな田園に響く念仏の鉦、太鼓

宝山寺にまつわる伝説が三百年以上も受け継がれた燈籠会の一種で、疫病・悪霊除けの行事。宝塚市無形民俗文化財に指定されている。

ケトロンとは、念仏衆の持つ鉦の「ケン」と太鼓の「トロン」という音に由来しているという。念仏衆は大原野在住の八歳から十七歳までの長男に限られ、東部地区と中部地区の組と西部地区の組から九人ずつ、計十八名で構成されている。役回りは九年間勤める。衣装は浴衣の上に白襷《たすき》をかけ、袴《はかま》を履き、黒帯を垂らす。菅笠をかぶり、裸足である。

当日は、清めの儀式の後に、切火をして行列に加わる。夕暮れ迫る午後六時三十分頃、本尊へ献上する燈籠を先頭に、ヒュー・ケー・トンの音頭ではじまり、山門から参道を通って本堂に到着する。祭りのハイライトは、本堂前広場で、暑さにもじっと耐えるように、ひたすら鉦と太鼓で念仏を唱え続ける。スローテンポであるが、独特の音調と長い伝統の祈りがじんわりと身体に染み渡ってくる。

この地味な祭りの開催には時代の変化とともに苦労がある。祭り総代の龍見多賀雄さんは「子どもの念仏衆の指導が九年間というのは長過ぎるのと、夏休みでお盆ということもあって集まりにくい状況もありましてな……」と祭りを継続する難しさを語る。また、親子三代にわたって祭りに携わってきた小東昭雄さんは「この祭りはお盆の真っ只中やから子どもも大人も集まりにくいけど、念仏古式は頑張って伝え残さないとあきまへんのや」と祭祀の大切さを話す。

宝塚市北部に位置する大原野は静かな田園で、緑豊かな里山風景が広がっている。（藤江）

念仏衆が大燈籠献上で本堂前に到着

◇所在地/宝塚市大原野　宝山寺
電話0797-91-0117
◇交通/ＪＲ福知山線武田尾駅から阪急田園バス宝山寺下車すぐ
◇時間/午後６時頃〜

8月14・15日【丹土《たんど》はねそ踊】新温泉町丹土

盆の月に「はねそ」の影が揺れる

段々畑が続く春来川の渓谷に沿って国道九号線の新温泉町歌長《うたおさ》から県道へ入り約三十分、丹土公民館に到着する。広場の中央に櫓、取り巻くように提灯が張られている。

大杉の梢に月がかかる頃、太鼓に撥が躍り、薄明かりの帳を裂いて響きわたる。少年が一人、演目の口上を一節語り終えるとひときわ大きく太鼓が轟き音頭が始まる。脇の花道から趣向をこらしたいでたちで幼児が登場し、可憐な踊りが輪を描く。櫓を一回り、万雷の拍手を受け退場する。次第に年齢が上がり中学生から成人へと踊り手が入れ替わると、装束、立ち居振る舞いも佳境に入る。太鼓と音頭が更に盛り上がり、飛び入りも大歓迎……素朴で心通う故郷の盆である。

起源は戦国時代に遡る。仇討ちに遭った人（仏）の供養と盆の行事が住民の楽しみとなって今日に至っている。

演目の中心は「仇討ち踊」、「鈴木主水」、「白井権八」、「国定忠治」などお馴染みのものや、古くは「鬼神のお松」、「笠松峠仇討ち」等々歌舞伎に由来するものも数多くあるという。踊り手は二人組、時には三人組もあり、棒懐剣、脇差、薙刀を手にして踊り、歌舞伎に習って刀剣を振りかぶり頭《ず》を切り、表情動作を決めて見栄を切る。

村祭りや田植え休みなど庶民の暮しの文化が口説風の調子と所作で継承された「丹土はねそ踊」は、文書による記録はないという。昭和十二年（一九三七）「はねそ踊保存会」が発足、現在も二十三歳～五十七歳の会員二十三人を中心に小中学生への伝承、指導が続いている。昭和四十七年に踊り、唄、装束などの珍重な特殊性が認められ、兵庫県教育委員会から「無形民俗文化財」の指定を受け、全国でふるさと文化を広める活動に尽力している。（桑原）

所作が決まり「はねそ」は佳境

◇所在地/美方郡新温泉町
電話0796-82-3111（新温泉町商工観光課）、0796-92-2000（温泉町観光協会）
◇交通/ＪＲ山陰本線浜坂駅から全但バス湯村温泉行きで45分丹土下車すぐ
◇時間/午前10時頃～午後10時頃

8月14・15日【さいれん坊主】井関三神社・恩徳寺

手に手にさいれん坊主（手作りちょうちん）を持って

伝統と現在が折りあう播磨の奇祭

八月お盆の十四日・十五日の夜に「さいれん坊主」が行われる。たつの市を流れる揖保川の西、中垣内《なかがいち》にある井関三神《いせきさんじん》社《じゃ》（十四日）と恩徳寺（十五日）に伝わる奇祭といわれる火祭りである。

「さいれん坊主」の由来は定かでないが、土地の沿革誌、恩徳寺旧記などによると、嘉吉元年（一四四一）の戦乱で討ち死にした赤松領主をはじめ一族の霊を弔うために行われたが表立たせられないために「雨乞い」と称し、密かに供養したのが始まりと言い伝えられている。ほかにも諸説あるようだが「隠れ供養」のあり方は時代のロマンを感じさせる。

江戸時代は若者が中心となり信徒十三カ村で集まって東組、西組に別れて盛大であった。しかし、幕末に藩士と村民との間に事件が起こり、それ以後十五歳以下の子どもが中心になったりして次第に行事参加の村が減り、今では中垣内のみとなった。

さいれん坊主とは、一メートルから三メートルに及ぶ竹竿の先を割って骨組みとし、和紙を張って丸い形のちょうちんを作り、中にロウソクを灯すもの。この形が坊主頭に見えるので名付けられた。十五日夕暮れに近づくと子どもたちや大人の群れが手作りのこれらに火を入れて高く押し立てて恩徳寺周辺に集合。鉦や太鼓の音に合わせてエンヤー・エンヤーと声をかけながら中垣内の町内を行列し、次々とさいれん坊主が加わって恩徳寺境内に到着、観音堂の前で鉦太鼓も一層盛んになり、提灯を高々と差し上げたり、回したりしつつ輪になって境内を何度も回る。周辺から、遠方から訪れた人々も暗闇に上下する暖かい灯りに、死者への追悼とともに心の交流、美しさを感じさせられる一瞬といえよう。

その後は櫓の上で土地の民謡から始まり歌謡曲まで流し、見物客の中からも多くの人が加わって盆踊りが始まる。

九時を過ぎ、盂蘭盆の行事も終わりに近づく頃、さいれん坊主の審査結果が発表になる。アイデア賞・かわいいで賞などの発表のたびに拍手と笑いがまき起こる。子どもたちに人気のキャラクターや三次元の怪物のようなものなど、手作りならではの面白さとユニークな味がある。賞品も自転車などなかなかのもの。盆踊り賞が出たり、さいれん坊主を持って参加した人にはお楽しみくじ引き券が渡される。これらは江戸時代には無かっただろうと思われるが、子どもたちや隣近所の間のコミュニケーションが薄くなっている昨今、手作りのちょうちん、手作りの祭りと永く引き継いでいってほしいものである。地域が少し離れている井関三神社の十四日の行事も、内容や時間はほぼ同じ。

「さいれん坊主」、近頃は郷土の文化遺産を保護し、残していこうという機運がつとにおこり、昭和四十一年（一九六六）に赤松一族の後裔が法要を催したり、昭和五十二年には「さいれん坊主保存会」が結成され、同じ年、たつの市の無形文化財にも指定されている。（小山美）

恩徳寺山門

◇所在地/井関三神社：たつの市揖西町中垣内甲799、電話0791-66-0402
恩徳寺：たつの市揖西町中垣内266、電話0791-66-0846
◇交通/ＪＲ龍野駅下車北へ15キロ、タクシー15分（バス便なし）
◇時間/夕刻から

8月14・15日【海上《うみがみ》傘踊り】新温泉町海上

雨を乞い、諸先祖の霊をなぐさめ、絵傘が舞う

江戸時代末期、山陰地方は大旱魃に見舞われた。農民たちは困り果て、連日雨乞いの踊りを奉納したところ満願の日に待ち望んだ雨が降り飢饉から救われたという。それ以来、盆には五穀豊饒と先祖の霊を慰めるため、夕刻から牛峰寺境内で手踊りと傘踊りなどが奉納されるようになった。十四日、本堂には初盆を迎えた人たちの遺影が飾られ午後五時すぎから供養が行われる。以前は家々を訪ね、仏事のあと庭先で踊ったが、場所の事もあり現在の形となった。

午後八時、区長、保存会長の挨拶の後、手踊りが始まる。昔から伝わる歌は百曲以上あるが伴奏は太鼓のみの素朴なもの。しばらくすると観客が増え始め、踊りに加わる人たちも現れる。休んだり相談しながらのんびりと進行していく。お盆で帰省した人も多く旧交を暖める人の輪が賑やかだ。

中入りのあと、子どもたちの傘踊りが始まった。小・中学生くらいの子どもたちが色鮮やかな絵模様傘を回しながら一所懸命に踊る姿が微笑ましい。時々揃わないのもご愛嬌だ。

中休みのあといよいよ男たちの傘踊りが始まる。二人一組になった男たちが数組登場、一回り大きな傘は力強く回され地に突き立てられ、飾りは風に舞い数百の鈴が共鳴する。

踊りの形は歌に合わせ五種類ある。なかでも〝海上名山牛が峰～〟で始まる「名山節」は室町時代から地元に伝わる。数曲踊ったあと三十分程中入りをする。その間の酒食は初盆を迎えた家々が供養として提供する慣わしだ。踊りは数回繰り返され、終わるのは午前一時を過ぎる。

傘踊り保存会は、ニースのカーニバルなどにも出演、地元・湯村温泉に年間百回以上出演する。十五日には近くの上山高原海上ふれあい広場で同じ行事が行われる。（河瀬）

形が決まった瞬間、鈴の音だけが残る

◇所在地/新温泉町海上
電話0796-92-2000（温泉町観光協会）
◇交通/湯村温泉バス停から全但バス20分海上下車すぐ
◇時間/午後8時頃～（要、交通・宿泊確認）

8月15日【原のお盆火祭り】大歳神社

大松明から降り注ぐ火の粉

原地区は太子町の東端に位置する百戸ほどののどかな自治会。しかし、この日はエネルギーが爆発する。その源は大歳《おおとし》神社である。この神社の歴史ははっきりとはしないが、室町時代から続いているといわれている。境内の広さは小さな幼稚園の運動場ぐらいでまさに村の鎮守さま。ここで夜七時三十分から火祭りが行われる。

約三百年を越える伝統があるこの祭り、起源は諸説あるという。雨乞いや先祖の迎え火であったとか、ここが龍野藩であった時に飢饉が起こり、殿様に納める年貢米を少なくしてもらった。そのお礼に火を焚き元気であるようすを伝えたとも言われている。

火祭りのスタートは、この神社から二百メートル程離れたところにある公民館である。暗くなり始める頃、大勢の子どもたちが集まってきて賑やかになる。竹で作った三十センチぐらいあるトーチが子どもたちに渡されて、一斉に火が点けられる。そのトーチを持って神社まで行列を作る。揺れ動き連なる炎は幻想的である。

全員の到着を待って、祭りの本番を迎える。境内は人で溢れ、無料の焼きそばやかき氷などの屋台が出て、地区の人たちがもてなす。

いよいよ祭りもクライマックス、大松明の登場である。長さ二メートル、重さ三十キロ以上あるその松明に火が点けられると雰囲気が一変する。法被《はっぴ》を水で濡らした十名ほどの地域の若者がその松明を担ぎ、狭い境内を縦横無尽に走り回る。火の粉が降り注ぎ、見ている者も逃げまわる。歓声と悲鳴が交錯する。この後、五穀豊穣を祈り太鼓を放り投げ、最後は花火が夜空に打ち上げられる。（原田年）

勇壮な大松明

◇所在地/揖保郡太子町原大歳神社
電話097-277-1010（太子町役場）
◇交通/ＪＲ山陽本線網干駅から車で７～８分
◇時間/午後７時～

8月15・16日【丹波篠山デカンショ祭】

篠山城跡三の丸広場

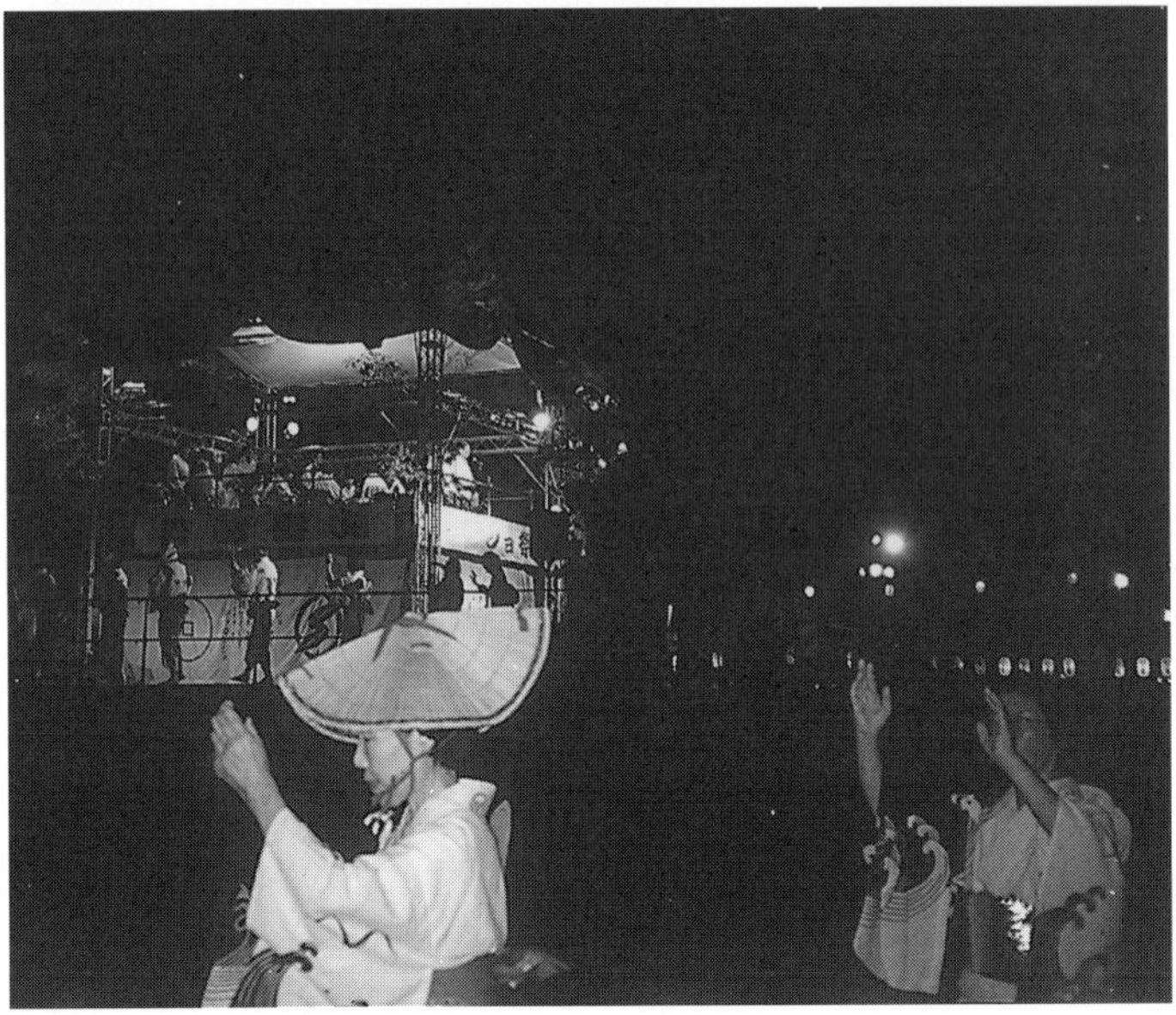

二重、三重と広がる総踊り

浴衣で踊る兵庫県下最大の民謡の祭典

デカンショデカンショォで　半年暮らす　ァヨイヨイ
あとの半年ャ　寝て暮らす　ァヨォーイヨォーイ　デェカンショ
丹波篠山《ささやぁま》　山家《やまが》の猿ゥが　花のお江戸でェ　芝居すゥる
雪がちらちぃら　丹波の宿に　猪《しし》がとび込む　牡丹鍋

高さ八メートル、二十メートル四方の巨大ヤグラの周りに総踊りの輪が二重、三重と広がる。

丹波篠山は、民謡デカンショ節の町として全国に知られている。第一回のデカンショ祭は、昭和二十八年（一九五三）に篠山川の河川敷で灯籠流しとあわせて開催されたのが始まりで、現在では全国屈指の民謡の祭典として、地元の町連、職場連はもとより、県外各地からも連を組んでの参加者と、多くの観衆で賑わう。

デカンショ節は、江戸時代から篠山盆地で歌われていた盆踊り歌「みつ節」が元歌といわれる。囃し言葉はデッコンショ。その語源については諸説があり、定かなものはない。

旧篠山藩主の青山家は、明治維新後は学問を奨励して鳳鳴《ほうめい》義塾を創設し、優秀な者は東京に寄宿舎「尚志館《しょうしかん》」を設けて遊学させている。このことから「丹波篠山　山家の猿が花のお江戸で芝居する」という歌詞が生まれたのかもしれない。

明治三十一年（一八九八）、千葉県館山市の八幡海岸で夏をすごしていた鳳鳴義塾出身者が、江戸屋旅館の二階で郷土の盆踊り歌の替え歌を歌っていたところ、一階に同宿していた旧制一高の水泳部員たちが聞き覚え、東京の寮に持ち帰った。それからさまざまな替え歌が生まれ、学生歌として全国に広まって行ったと考えられている。

ところで、デッコンショという囃しがなぜデカンショになったのか？

一高生たちは語源も意味もわからないままでは不名誉なことだと、ヨーロッパの有名な哲学者であるデカルト、カント、ショウペンハウエルの三人の頭文字をとってこじつけたという説。ほかにもデゴザンショや杜氏《とうじ》の百日デカセギショウ、糸車の音のテコンショ説などがある。

夏の最も暑い最中なので、祭りは夕刻から始まる。午後三時からのヤグラ演奏会、踊り講習会に続き総踊りのオープニングは六時から。鏡開きで地酒のふるまいや元歌のデッコンショ踊り、杜氏《とうじ》連の酒造り歌のあと、日没の七時からいよいよヤグラ総踊りの輪が広がる。飛び入り連もあり、気軽に踊りの輪に参加できるから楽しいのである。

終盤は打ち上げ花火や篠山音頭のあと、丹波篠山太鼓「鼓篠組」がフィナーレを飾る。

両日とも、物産市や巨大夜店街、屋台村などが出て賑わう。（原田護）

巨大ヤグラからデカンショ節が高らかに響く

◇所在地/篠山市北新町三の丸広場
◇交通/ＪＲ福知山線篠山口駅からバス15分（車は両日迂回規制あり）
◇時間/午後３時～10時
◇問合せ/篠山市商工会 電話079-552-0758

8月16日【若杉ざんざか踊り】若杉三社神社

素朴ながら優雅な舞い、神の杜に太鼓が響く

地域文化の響き「ザンザカ」

若杉《わかす》へは国道九号線の広谷から県道六号を大屋川に沿って登る道と、関宮から加保坂峠を越えて入るルートがある。どちらも大屋の集落で合流し大屋川の源流近くの若杉聚落へと繋がっている。また鳥取県若桜《わかさ》街道から戸倉峠を経て奥若杉へ入る県境越えルートもある。

古来、但馬国から因幡国にかけて流行った風流踊りであるという。その由来については、軽快な太鼓の響き、「ザンザカ・ザンザコ・ザット・ザカザカ……」を表わした太鼓の音色（リズム）説、「雨のザァザァ降る音」から雨乞い祭りとする説、お盆の頃の行事であるから仏の供養と秋の五穀豊穣・災難除けを祈願した信仰の踊りであるとの説もある。

現在「ざんざか踊り」は但馬地区五カ所にのみ残っている。どの地域も神社の祭礼奉納踊りとして継承されてきたが、祭礼の時期や呼び方も「ザンザカ」「ザンザコ」「チャンチャコ」「チャンチャカ」等々まちまちで、風俗・習慣・方言など地域の生活文化との密接な関わりが垣間見えている。

朝来市和田山町寺内　山王神社（七月十五日）
養父市大屋町大杉　二宮神社（八月十六日）

養父市大屋町若杉　　三社神社（八月十六日）
新温泉町浜坂町久谷　八幡神社（九月十五日）
養父市八鹿町九鹿《くろく》　日枝神社（十月十五日）

別名「姫踊り」とも称され、舞うがごとく優雅に少人数で踊る。起源は『氏神祭礼縁起』の古文書に、天保九年（一八三八）以前「大和の国の修業者一人此の処に参り候て長く足止め仕り、其間當所の若き者に教へ置き候物なり……（後略）」とあるのみでいつからとの確証はない。

配役は、踊り太鼓四人～七人、うちわ踊り二人、中踊り（踊り歌を歌う音頭取り）と中老六～七人で構成されている。踊りの種類と踊り唄は「本入は・お屋敷踊り……」等十二種類。これ等を氏神「三社神社・大明神・薬師堂・小畑家・村総代・地蔵・荒神」を巡り約束事にのっとり組み合わせて踊る。

踊り手は絣の着物に袴、腰には太鼓、竹の骨組みに紙を貼り花をつけた「笠」を被り、同じく半紙の御幣をつけた身の丈ほどもある「うちわ」を背中に結び、素足に草履のいでたちで優雅に舞い踊る。どの踊りも高度なテクニックを要し、三社神社の氏子、中若杉・奥若杉の住民が各役割を担っている。祭りが終わると、「うちわ」を破り小片を村中に配る。竹の骨組みは大根畑にさして虫除けにするという。この風習は神仏に依存した中世からの農村の生活文化の伝承なのであろうか。それにしても太鼓と音頭だけで、かくもしなやかに力強く舞い踊るとは感嘆しきりである。

昭和四十五年（一九七〇）四月「若杉ざんざか踊り保存会」が発足し、保存・継承の活動を活発に展開している。昭和四十六年一月に大屋町指定民俗文化財、昭和四十八年三月には兵庫県から無形民俗文化財に指定されている。（桑原）

継承された踊りは若杉の誇り

◇所在地/養父市大屋町若杉
電話079-669-0120（大屋地域局産業建設課）、079-669-1104（大屋町観光協会）
◇交通/ＪＲ山陰本線八鹿駅からバス大屋若杉線で若杉下車
◇時間/午後１時～

8月23・24日【愛宕祭】氷上町成松中央小学校周辺

世相を映すユニークな「造り物」は必見

土鍋で出来たお城、ガス器具のイージス艦、アルミのスペースシャトル、結納品などの祝儀物で造ったコウノトリや水戸黄門……。初めて目にすると、度肝を抜かれること請け合いの「造り物」。これは、氷上町随一の大祭・愛宕祭に奉納される独特の御供えの品だ。

江戸中期、氷上町成松周辺では飢饉や大火が続き、これを憂えた有志が、火難除けの神として名高い京都の愛宕神社を分社して祀ったという愛宕神社。その大祭として、毎年八月二十三日・二十四日の両日に、成松一帯を舞台に催される愛宕祭は、二十三日午後に行われる護摩供養で幕を開ける。夜になると地元企業や各団体による氷上町音頭の練り込みが行われ、露店が立ち並ぶ中商店街を抜けて、中央小学校に集まり総踊りを披露する。

奉納される造り物は二百年、いや三百年の伝統があるなどとも言われるが、それは定かではないとのこと。いつのころからか、町内各所にさまざまに趣向を凝らした「造り物」が展示されるようになり、愛宕祭の名物となっているのだ。

造り物は、日用品の陶器や金物、祝儀物など一種類の材料だけを使って造ることが伝統とされる。テーマは、人物、風景、建物、また大河ドラマなど時代の流行や世相を風刺したものまで、実にバラエティー豊かで、ほかに類を見ないほどユニークだ。いくつかの保存会が、それぞれ秘密裏に制作を進め、二十三日早朝までに仕上げるのだとか。

大正八年（一九一九）からは打ち上げ花火や華麗な仕掛花火も催され、造り物とともに、愛宕祭の二大呼び物となって、例年数万人の人出がみられる。（団田）

日用品で人物や建物を作る

◇所在地/丹波市氷上町成松
電話0795-82-8210（丹波市観光協会氷上支部）
◇交通/ＪＲ福知山線石生駅から神姫バス成松方面行き臨時庁舎前下車すぐ。またはＪＲ福知山線石生駅からタクシー10分
◇時間/正午頃～（花火大会24日、荒天の場合25日）

9月上旬の日曜　【甘地《あまじ》の獅子舞】甘地八幡神社

四百年、子どもたちが伝統の舞いを受け継ぐ

獅子舞が盛んな神崎郡でも、甘地の獅子舞はとくに歴史が古い。始まりは四百年以上前ともいわれる。昭和四十四年（一九六九）に県重要無形民俗文化財に指定され、地元の人たちが昭和五十五年に保存会を結成して守ってきた。近年は米国の姉妹都市で公演を行ったこともある。

獅子舞には、本獅子と毛獅子がある。甘地の獅子は雌の本獅子で、「しな」をつくりながら舞うのを大きな特徴にしている。主役は子どもたちが担い、舞い踊る獅子の相手をする囃子《ばやしこ》は、幼稚園から小学六年までの子どもたちが務める。舞いは年二回あり、九月は甘地八幡神社で奉納、続いて十月の大歳《おおとし》神社でも奉納される。舞台は、甘地八幡神社境内に大きく取り、当日は近郷近在の人々で境内は身動きがつかないほどの混雑を見せる。

演目は橋弁慶、四方舞、扇の舞など十二曲。獅子頭を遣う獅子方の動きに合わせ、大人たちの横笛、太鼓が素朴で優美なメロディーを奏でる。見どころは、時に激しく、時にゆっくりと動く獅子に囃子たちがあどけない仕草で懸命に応じようとする場面。なだめたり煽ったり、上手にやり終えると周りの親たちから盛んな拍手と歓声が送られる。

甘地八幡神社は地元の古社として知られ、獅子舞を含めて秋の例祭が最大のイベントとなる。山の中復の鎮守の森で繰り広げられる伝統行事は、日本の懐かしい原風景とかさなり情趣が一段と深い。

少子化や生活様式の変化で、囃子になる子どもたちの確保が難しく獅子舞を伝承するうえで、大きな問題になっているのが、やや気がかりである。（井戸）

子どもたちのあどけない仕草が可愛い

◇所在地/神崎郡市川町甘地
電話0790-26-1010（町役場）
◇交通/ＪＲ播但線甘地駅から徒歩20分
◇時間/午前10時～

9月13～15日【大念仏会】教信寺

ねんぶったんの祖・教信さん

ＪＲ加古川駅からバスで明石方面に行くと西国街道沿いに、念仏山教信寺がある。この辺りは古代に賀古《かこ》の駅《うまや》があった処である。ここに四十頭の馬が常備されていたという。当時として全国でも最大規模の駅であったといえる。

歴史的にも知られるこの土地に、一介の修行僧がやって来て庵を結びひたすら「南無阿弥陀仏」を唱え、旅人の荷物を運び農民の手伝いをし、人にも念仏を勧めていた。土地の人間は「阿弥陀丸」とか「荷送り上人」と親しんだが、彼こそ教信上人であり、自身は僧の位の下、沙弥《しゃみ》を名乗っていた。人柄を敬慕して庵を訪ねた名僧の名に、親鸞、一遍上人がある（『一遍上人絵伝』）。貞観八年（八六六）八月十五日没後遺言により亡骸は鳥獣に与えられたが、顔だけは美しく、損なわれていなかったという記録が『日本往生極楽記』にある。境内の左手奥に石造五輪塔（県重要文化財）がある。教信の供養塔である。

人々は教信の死を悼み、多く集まり、追善の念仏供養を行った。これが野口念仏（ねんぶったん）の始まりと言われていて、今も九月十三～十五日の大念仏会が行われ、多くの人で賑わう。

大念仏会は、上人の命日十五日に向かって三日間盛大に行われる。午後二時と八時に法要、法話、回向が行われ、また、檀家有志によって伝承されている教信上人の絵とき説法がある。夕方六時からは念仏踊り（段文音頭《だんもん》）、いわゆる播州音頭が老若男女自由参加で賑やかに行われる。露天商も多く出る。

当日開山堂では年に一度の教信上人の頭像御開帳がある。

（小山美）

絵とき説法の絵。教信上人を迎える阿弥陀如来と25菩薩来迎図

◇所在地/加古川市野口町野口
電話0794-25-1350塔頭・法泉院
◇交通/ＪＲ山陽本線加古川駅からバスで野口バス停下車すぐ
◇時間/昼：午後２時～、夜：午後７時～

9月15日【久谷ざんざか踊り】久谷八幡神社

一陣の風に一文字笠が揺れ、すかし彫りがなびく華麗な踊り

多種多様な「風流太鼓踊り」

久谷の空は高い。峻険な谷間に国道とＪＲの線路が走り、狭い空間を縫って邑《むら》道が四通している。せせらぎが屋敷を分け邸内へ引かれ庭を潤している。漆喰の白壁には緑樹の影が濃やかに伸び初秋の日差しはまだ強い。蓮台山の杜に祭り太鼓が響き、人々は気忙しく八幡神社へ小走りに急ぐ。

久谷八幡神社の起源は中世ともいわれ、山城国石清水八幡宮から分霊されたと伝えられている。「ざんざか踊り」もこの頃に溯ると言われるが、室町桃山期の説もあり、裏づける文献資料は少なく定説はない。

午前九時頃、神事は始まり「五穀豊饒、氏子安全」が祈願される。神前に額ずく踊り手八人、篠竹と和紙で作った一文字笠を被り、紺色縦縞絣《たてじまがすり》の単衣《ひとえ》に角帯を締め、紅色襷《べにいろだすき》の先を結び、粋に長く垂らしている。紺色の股引に白足袋、籐表の堂島下駄のいでたちで直径四十センチメートルの平太鼓を腰に付け、手には鈴のついた手甲をはめ、二十四センチメートルの多羅木《たらのき》の撥《ばち》を持っている。神事を終えると四人ずつ二組に分かれ門付けへと下っていく。

中老の唄い手は神社紋入り裃袴に白扇を持ち踊りをリード

しながら十七種類以上の歌を唄い続ける。踊りは「門付け」に始まり十数種類、中一～高二の若者が踊り手を務める。柔軟な体でないとできない手足の動き、変化する撥さばきに、時には体を反らし、片膝をつき片方の脚を横に上げ、上半身を倒す振り付けもある。

太鼓の撥さばきで雨にもなれば朝露にもなる。鳥の鳴き声からしのび足にも変化する。変幻自在な太鼓に合わせ、極彩色の一文字笠が揺れ、先端から垂れる白紙の透かし彫りに紅潮した頬が透ける。「ざんざかざ、ざんざかざっと、ざんざかざぁ、ざんざかざぁざぁ、ざんざかざぁ」。唄声も聞く人の気持ちでいろいろ変わって聞こえてくる。緩やかで古典的な風情の中にも激しい動きへの変化がひそみ、踊り手の額から汗が飛ぶ。興がのると周りの人たちも一斉に唱和して唄いだす。踊りを囲む周辺はしばしば陶酔感に満ち満ちてくる。なごやかで壮観、ため息が出るほど美しい。

ざんざか踊りを迎える家々では酒肴や飲物、軽食を出し、縁側で踊り手たちの小休止のひと時をねぎらう。

正午頃、榊神輿・獅子猩猩《しょうじょう》、山鉾、御神輿、ざんざか踊り二組の順で、氏子総代の株本邸に勢揃いする。太鼓の音がいちだんと高まり歌も踊りも見る人も一体になって更に盛り上がり、涙するほどの最高潮を迎える。単純だが美しく、朴《ぼく》訥《とつ》だが華麗である。太鼓の音色や古典的な歌と踊りがこれほどまでの芸術性を発揮するとは……、言葉にならない日本人固有の深裡だろうか。久谷では連綿と受け継がれた伝統的芸術が住民の一体感を生み、更なる自信と誇りが溢れていた。

昭和三十三年（一九五八）「久谷ざんざか踊り保存会」結成、昭和四十三年には行道型の踊りと一文字笠の形態の評価で、兵庫県指定重要無形民俗文化財に指定された。（桑原）

中世以来、伝承は脈々と息づいて

◇所在地/美方郡新温泉町久谷
電話0796-82-1880（久谷ざんざか踊り保存会・株本会長）
◇交通/ＪＲ山陰本線久谷駅下車すぐ
◇時間/午前９時～午後３時頃

9月15日頃【阿万風流大踊小踊】亀岡八幡神社

小踊。掛烏帽（かけえぼし）、襟首に幣串（へいぐし）をさして踊る

雨乞いの願解きと豊作を感謝する祭り

風流踊りは、南あわじ市阿万《あま》地区に伝わる農民たちの雨乞いの願解き踊りである。正確には、春先に、五穀豊穣のため、天候の平穏を氏神に祈ったのが、願いかなって無事生活を送れる秋の実りを得られたのを感謝して行われる。

阿万郷社「亀岡八幡神社」は貞観二年（八六〇）に石清水八幡宮より祭神を勧請し、現在地には貞永元年（一二三二）の遷座で、御祭神は応神天皇、神功皇后、仁徳天皇等と伝えられている。古代から「農は国の基本」であり、農業人（たづくりびと）が国民の大多数を占めてきた。農民は自然の法則に従い、営々として生業に励み、勤勉の美徳は我が民族の象徴でもあった。しかし、自然の猛威による災害の防止は如何ともし難く、目に見えない不思議な力に助けを求め、切実な祈りをこめたものであった。

この阿万の風流踊りもその例の一つで、旱魃に際し、雨乞いの祈願祭を行い、神前にこの踊りを踊ることを告げる。雨乞いの願いがかなえられた後に、願解きとして、家運長久、五穀豊穣、生業繁栄の感謝をこめて奉納されるものである。非常時の一種の「神楽」であった。

踊りには二種類あり、「阿万《あま》風流《ふうりゅう》大踊《おおおどり》小踊《こおどり》」と言い、この踊りの場を設けるには、多額の経費を要するため、百石踊りともいわれた。この起源、由来については地元誌に記録があり、踊りの中で大踊は歌詞や持ち物からみて、発祥は室町中期から桃山期にかけてと思われる。小踊は江戸中期から後期に加わったものらしく、小唄が入り込み、三味線音楽の影響がみられ、踊りには歌舞伎舞踊の様相がある。

資料の中に、秘密との文字が随所に見られ、踊り手は未婚の長男にのみ引き継がれたというから、他地域に伝えられることを防ぐための配慮と見られている。

風流大踊小踊は保存会が結成され、毎年九月十五日の亀岡八幡神社秋の祭礼に奉納されるようになったが、昭和四十二年（一九六七）に兵庫県指定重要無形文化財の指定を受け、八幡神社境内に記念碑が設立されている。

さらに昭和四十七年に、文化庁指定選択文化財の指定を受け、平成十年（一九九八）には保存会の継承活動に関し、文化庁より、地域文化功労者賞を受けている。秋の祭礼には、かつての農漁業の服装や、踊りの諸道具が拝殿に登場するが、歴史があるわりには一地方の行事に終わっている。

南あわじ市には、ほかにも「大久保踊」など古くから伝わる伝統芸能が多く見られる。国指定の重文である人形浄瑠璃はとくに有名で、約五百年の歴史を誇り、大阪の文楽や徳島の阿波人形なども淡路人形浄瑠璃から伝わったとされている。また、各地の祭りなどで唄われる「だんじり唄」は、浄瑠璃の語りの部分を発展させたものといわれている。

なお亀岡八幡神社では毎年四月第三日曜日に「春の大祭」が行われる。これは淡路でも比類がないほど盛会な祭りで、神輿の巡幸、餅撒き、だんじり唄奉納、だんじり練りと続き、深夜まで数千人が祭りを楽しむ。露店も多く出る。（瀬戸）

大踊。前列は半袖着物に黒角帯の前踊り

◇所在地/南あわじ市阿万上町387
電話0799-55-0888
◇交通/淡路交通バス福良から灘方面行きで阿万本庄下車すぐ
◇時間/9月15日頃、午前10時〜正午頃まで。開催日要問い合わせ

9月17日【チャンチャコ踊り】横山神社

チャンカチャンと踊る十人の小学生の勇姿が見もの

陣羽織に真っ赤な鉢巻きを垂らした凜々しい姿のシンボチと呼ばれるリーダーが、幼い声を張り上げて口上を述べると、鉦や太鼓を持った子どもたちが、一斉に囃子を始め踊りだす。十人の小学生が、古《いにしえ》の絵巻そのままに踊る「チャンチャコ踊り」は、揖保川の源流に近い宍粟市一宮町横山に鎮座する横山神社の秋祭りに奉納されるもの。宍粟郡一宮町から波賀町にかけては、同種の風流踊りが十数種分布しているが、その中で最も古いとされており、宍粟市の無形民俗文化財に指定されている。

古の絵巻から抜け出したような子どもの踊り

言い伝えによると、大旱魃で荒廃した村を訪れた諸国行脚中の桑名の山伏が踊りを奉納して村を救ったとか、また、流行病で大勢が亡くなり、氏子が三軒になっても踊りを奉納すると願をかけたのが始まりで、以後、約束通り奉納し続けているともいう。歌の文句からも室町時代から始まったのではないかとされる、五百余年の伝統を誇る祭りだ。

毎年、祭りの一月余り前から、お年寄りや子どもたちが毎夜のように公民館に集まり練習を積む。当日は総出で準備を整え、正午すぎ、公民館で衣装を着けた踊り子たちは、公民館の隣の淡島神社の前で二、三曲奉納。それを終えると、お囃子に合わせて山の上の横山神社まで練り込んでいく。本殿に参拝したあと、舞堂に入って全十曲を二回踊る。神事は、踊りの奉納の間に神官と役員によって行われている。最後に公民館で舞い納めるが、この間少年たちは、五～六時間も通しで踊り続けるのである。

踊り自体は素朴なものだが、ちょっと照れ臭そうな少年たちが可愛らしく、また巨木に囲まれた境内に響き渡る音頭と鉦太鼓の音も心地よい、爽やかな山里の祭りである。（団田）

◇所在地/宍粟市一宮町横山
電話0790-72-1000（町役場）
◇交通/ＪＲ姫新線播磨神宮駅からバス上岸田下車徒歩80分
◇時間/正午すぎ～

9月第3土曜【但州湯島の盆】城崎温泉

過ぎ行く盆をしのぶひなびた踊りの復活

ゆかた姿で外湯めぐり……を売る城崎温泉は、ゆったりと流れる円山川の支流、大谿《おおたに》川のほとりの柳並木が風に揺れる風情を味わう湯の町だ。そういう背景を活かして、千四百年の歴史をしのびつつそぞろ歩きを楽しむ。

本来は湯治場であるが、江戸中期から客が増えるにつれて、家族でもてなしていた湯宿で働く仲居や芸妓たちも増えていった。彼女たちの多くは、お盆といっても湯治場では繁盛期に当たるため、郷里に帰ることができなかった。そこでおよそ一カ月ずらし九月中旬、秋風立ち初めるころ、ほっと一息ついて、それぞれの郷里で踊りつがれてきた、ひなびた踊りを披露して、過ぎゆく盆を偲んだと伝える。

しかしながら、但州湯島の盆は、戦争もあって一時、中断した。そのまま時は流れて、平成になってから、越中八尾《やつお》の風の盆の賑わいを見聞したことが刺激剤となり、当時の城崎町商工会を中心に「但州湯島の盆」復活の声が上がり、保存会なるものが結成された。地元で盛夏に行われる盆踊りとはひとあじ違う。どことなく哀調が漂う。流し踊りは男女に分かれて、ゆっくりとしたテンポである。当日は夕食を済ませて午後八時頃から大谿川に架かる橋上に浴衣姿で町衆が集まり、三味線・胡弓・尺八を合奏する。柳並木と川筋があったればこその舞台である。

曲は木瀬のぶ作曲・西村方壺《ほうこ》作詞「城崎小唄」で、城崎の四季を唄ったもの。後半は流し踊りとなり、一の湯から柳湯前を通り地蔵湯にかけて北柳通りを流してゆく。振付は木瀬和代初代会長で、女踊りは柳に風の如く優美に、男踊りは太鼓橋のように力強く支える振りを付けたという。下駄で外湯に行く客を町全体で迎える湯島でありますように。（藤嶽）

情緒たっぷり、ゆく夏を惜しんで踊る

◇所在地/豊岡市城崎町北柳通り
電話0796-32-4411（城崎町商工会）
◇交通/ＪＲ山陰本線城崎駅から徒歩５分
◇時間/午後８時頃～（雨天順延）

9月第3日曜【水かけ祭り】事代主神社

日曜の静かな港町が活気づく水かけ祭り

淡路島でも有数の漁港で知られる淡路市仮屋地区の中心に事代主《ことしろぬし》神社がある。船泊りから五十メートルほど入った所にあり、社殿から港が細い路地の向こうに見える。元禄六年（一六九三）に造られたこの神社、海の神を祀るだけあって神様が海を見守っているようである。

祭りの日は社殿の前に神輿が置かれる。この神輿、明治十年（一八七七）に地元の舟大工が地域の繁栄と豊漁を願って奉納した。この祭りの主役は神輿とその担ぎ手である。昔は町の青年団が担ぎ手をしていたが興奮のあまり手荒くなりすぎたため、今は地元の中学三年生が担っている。

午後二時に神輿が神社を出発して、地区内を練り歩き、五カ所の御旅所を回る。ただ回るだけではない。町の人たちが家の前にバケツを置いて待っている。神輿が通る時にその水をすくい、担ぎ手にかけるのである。水産業者の前などでは、大きな水槽を用意している所もある。

担ぎ手は「水じゃ、水じゃ、水持って来い」と掛けられることを囃し立てる。それに負けまいと勢いよく水を撒き散らす。住民が水を掛けるのは、神輿が家の前に来てくれた歓迎と清め、そして自分自身も祭りに参加する意味を持つ。中学生たちの唇の色も寒さで変わっていくので、御旅所ではぜんざいなどの振る舞いもある。

地区のすべてを回り終えた神輿は最後は、なんと海の中へ入っていく。まさに海水の中で神輿がもみ合う迫力はすごいものがある。岸壁の見物人からは「今年も豊漁だ」と声が飛び、祭りは最高潮に達する。びしょ濡れになった担ぎ手の中学生が一回り大きくなり、大人びて見えた。（原田年）

若者に水が容赦なくかけられる

◇所在地/淡路市仮屋170
電話0799-74-2295（淡路市観光協会）
◇交通/淡路交通バス仮屋バス停下車徒歩3分
◇時間/午後2時〜

9月最終日曜【神幸祭《しんこうさい》】湯泉《とうせん》神社

湯けむりの町を御輿が練り歩く

いかにも温泉地らしい名の神社の秋祭。旅館や保養所などが数十軒もある温泉街を、二～三時間かけて神輿が練り歩く。獅子舞が家々を訪ねる。観光客が立ち止まってその姿を見ている。写真を撮っている。湯の町らしい風景だ。

午前十時の渡御を前に四基の御輿が勢揃い。女御輿、男御輿、子ども御輿、たる御輿。子ども御輿の小学生も、たる御輿の園児たちも、すべてハッピ姿でかわいい。

担ぎ手たちにお祓いなどがあって、神主から「神様を御輿に移します」。この儀式の時はまったくしーんとしている。そしていよいよ出発。まず獅子頭と巫女さんたち。御輿が次々に町に出てゆく。掛け声は「ヨイトー!」、笛が「ピッピー」。この繰り返しだ。ヨイトーは「よい湯」の意味、有馬らしくていい。神社を出て温泉寺～極楽寺～銀の湯、そして炭酸泉源公園へというコース。有馬川に出て杖捨橋を渡った先で小休憩。ここで折り返して、いよいよ温泉街の中心部に入ってゆく。

まず「あなむちの神地（水天宮）」でお旅所祭の神事。そして妬《うわなり》泉源から湯本坂を下ってゆく。有馬筆など土産物店が軒を連ねる細い通り。観光客がヨイトー!と声をかける。温泉饅頭店の湯気が御輿を包む。「金の湯」前では足湯につかっている人たちの前を通過。バス道の太閤通から神鉄有馬温泉駅前を通って、川下は乙倉橋で折り返し。神社に還御したのは二時間以上たっていた。

担ぎ手たちに観光客も加わった直会《なおらい》。婦人会などの炊き出しで、たこ焼きやうどんなどが喜ばれている。古く『延喜式神名帳』にも名を残す古社だが、三古湯に数えられる温泉と共に祭りも続けられてゆくことだろう。（松田）

子どもたちも、さぁ湯の町へ、ヨイトー！　ピッピー！

◇所在地/神戸市北区有馬町1908
電話078-904-0418
◇交通/神戸電鉄有馬線有馬温泉駅から徒歩15分
◇時間/午前10時～

10月4・5日【神事舞】上鴨川住吉神社

親から子へ七百年の伝統を守る

中世から播磨・上鴨川の集落で継承され、国の重要無形民俗文化財に指定されている住吉神社の「神事舞」。ひなびた里の秋祭りで奉納されるのだが、宵宮の松明と篝火に神楽や太刀の舞が浮かび上がる幽玄の世界と、本宮《ほんみや》で演じられ能楽の原型という素朴な翁舞などは、どちらも捨て難い魅力。本当は両日とも取材したかったが宵宮は断念。本宮の午後を取材する。山間の村で七百年、氏子の長男だけに受け継がれてきた祭りなので他所者が文句を言うのは筋違いだが、車がないと宝塚から四十五キロと近くても秘境ではある。

能楽の原型という素朴な翁舞

播磨平野が東北の山地にかかる辺り、旧加東郡社町上鴨川。鎮守の住吉神社は集落から一キロ余り離れた鴨川と神山川の合流する所に鎮座する。

創建は定かでないが、現存する国指定重要文化財の本殿（三間社流造・桧皮葺箱棟銅板包）が、棟木の墨銘によれば正和五年（一三一六）の創建で永享六年（一四三四）に再建、明応二年（一四九三）に再々建されている。また、内陣小脇板の裏面と天井梁下端にも明応二年の墨書があり、本殿がこの時代のものであることは明らかである。

内陣を一段高くして五区に分けた本殿には、向かって右の四区に住吉四社（上筒男命、中筒男命、底筒男命、息長足《おきながたらし》姫命《ひめのみこと》）を祀る。この形は近くの大川瀬住吉神社本殿（室町初期・重文）にもみられ、この種の神社の地方色をよく示しているし、境内に前庭（斎灯場）を囲んで割拝殿、舞殿、長床などが配され、古い神社の形式を残す貴重な遺構である。

この古社の神事を支えているのが、厳格な「宮座」制度。いまでは集落内の二男三男など希望者にも開放されたが、かつては村内二十四軒の株座組織で、各家の長男だけが加入を許された。年老《としより》・清座《きよざ》・若衆《わかいしゅ》・横座《よこざ》で構成され、一年間の行事は今なお旧態を留めて整然と営まれる。秋祭りは、これら多くの神事のクライマックス。

宮座の中心となって祭事を指揮するのは、八人で構成される清座。八〜九歳で宮座入りした若衆が十七、八年間、もっぱら祭りの舞を担当。毎年一人が清座に入り、清座を終えた者は年老となって生涯宮座を支える。横座には正・副があり、年老の最高位で神事の責任者を司る。

四日の宵宮は、午後六時の宮めぐりで始まる。清座の三人が持つ松明を先導に、侍烏帽子に紺の素襖《すおう》、袴姿で小刀を差した素足の若衆が続く。長床での盃事が型通り終わると斎灯《さいとう》と呼ぶ大篝火が焚かれ、神楽、太刀舞、獅子舞、田楽が次々と奉納される。火と舞の一夜は、午後十時頃に終わる。

五日の本宮は、午前十一時から盃事と太刀舞や扇の舞などに続き、本宮だけの「翁舞」が全七曲。翁を中心とした中世神事能は、素謡でほとんど動きのない単調なものだが、田楽能・猿楽能の成立過程を究明するうえで貴重な資料とされる。住吉神社には県指定重文の能面が十二面現存、うち黒色尉、冠者、翁など五面が神事舞に使われている。（吉田）

神社の地方色を示す重文の本殿

◇所在地/加東市上鴨川
電話0795-47-1304（加東市商工観光課）
◇交通/神姫バス三宮—西脇線の社営業所から同バス清水行きで住吉神社下車すぐ
◇時間/４日午後６時〜10時頃
５日午前11時〜午後４時頃

10月第1日曜【ヤホー神事】若宮神社

黙々と所作を続ける棒振り。子どもたちも重要な役を務める

素朴にして豊かな伝統行事

ヤホー神事は秋の例大祭の重要行事の一つである。

午前十時から「祭典」が始まり、「座振舞《ざふれまい》」「神輿渡御式」「馬神事」「ヤホー神事」と続く。祭典と神輿渡御は氏子全体の行事、他の行事は宮座（座中）の行事とされている。

本殿での祭典が終わると拝殿で座振舞が始まる。板敷きの拝殿には畳が敷かれ、座中八人が宮司を中にして四メートルほど間を置き向き合って座る。直会ではあるが非常に厳格な規律があり、始まると座を立つことはできない。裃を着けた男の子が東西から各人にたばこ盆を配り、膳部、餅、お神酒、枝豆などを給仕する。小笠原流に則るといわれ、起居儀礼が非常に厳しい。振舞が終わると神輿を拝殿に上げ神遷の儀が行われ、そのころ馬神事の一つ「大廻り」が行われる。

十二時、神輿の神幸祭が始まる。てんぐとおかめが先を祓い伊勢音頭を歌いながら拝殿を出て三百メートル程離れた御旅所へ渡御、祭典のあと二時頃神社に帰り境内で三度練る。途中、神輿の飾り道具を外し駆け出すシーンも神事の一つだ。馬神事「地割り」「馬駆け」は神社の前の道を三度駆ける。身重の女性が賽銭を騎手に献じて安産を祈願する習慣がある。馬駆けの後、ヤホー神事が始まる。

気がつくと拝殿の右側に一メートル四方×高さ一・九メートル程の山台が組まれ八幡宮と染め抜かれた山蚊帳がすっぽりと被せられている。ヤホー神事の行列は鳥居と随神門の間に整列し、子どもたちの打つ締太鼓、小鼓の音に合わせてゆっくりと拝殿に向かう。獅子頭、棒振り、金棒引き、小鼓打ち、締太鼓打ち、篠笹持ち、行燈持ちなど次々と門をくぐる。赤い鱗小紋の筒袖・股引き姿に鬼神面をつけた棒振りの所作が見ものだ。

随神門を境にして歌が変わるのにも注目。棒振り、馬上の稚児、山蚊帳の中の稚児が所作を交えて問答する謡曲風の台詞も見事。ヤホー神事のヤホーはイヤホーの転化で、イヤはいよいよ、ますますの意、ホーはほがひ（寿）、こと祝《ほ》ぐという意味があり、ますます祝いましょう、という言葉が変化した、と考えられている。

若宮神社の創建ははっきりしないが、昔、村人が夢の中で「難産の妻のために八幡宮に祈れ」というご神託を受け、そのように祈ると妻は無事出産した。そこで村人は小社を建て岩清水八幡宮から御分霊を勧請し祀ったのが始まりと伝わる。その後、戦国時代、三木城主別所長治の家臣・藤田広興が社殿を建立し社領田を寄進、氏子は二十一カ村に及び大いに栄えた。本殿は天保三年（一八三二）に再建したもの。

注目したいのは「宮座」という祭祀組織。氏子のうち十六地区の六十四軒が宮座の座株を持ち、四座十六軒で宮座（大沢座、中村座、上中村座、畑座）が構成される。その内三座が交替で秋祭りの振舞、馬神事、ヤホー神事を担当し毎年交替で勤める。宮座は兵庫県の重要無形民俗文化財の保持団体に指定されている。（河瀬）

緊張のなか直会が始まった

◇所在地/三木市吉川町稲田557
電話0794-72-0056
◇交通/ＪＲ福知山線三田（新三田）駅から神姫バス30分吉川庁舎前下車徒歩10分
◇時間/午前10時頃～午後４時頃

体育の日直前の土・日曜【秋祭り】稲爪神社

牛乗りや囃口神事、貴重な民俗文化財が溢れる二日間

六世紀の終わり頃、推古天皇の時代に三韓から不死身の鉄人率いる大軍が攻めてきた。朝廷の命を受けた伊予の国司・小千益躬《おちのますみ》が三島大明神に勝運・厄難払いの祈願をしたところ、「鉄人の弱点は足の裏である」というお告げが。そこで益躬は稲光の下、明石の浜で鉄人を迎え討ち、足裏を矢で射抜いて征伐に成功。祈願成就のこの地に社を建て、大神を勧請し、崇めた。これが稲爪神社の始まりである。

毎年十月上旬に行われる秋祭りは見どころ多彩。前日の宵宮祭では午後五時から、江戸時代の風俗を面白おかしく歌い上げる「大蔵谷の囃口流し」（明石市指定無形民俗文化財）が始まり、その後、「神楽獅子舞い」（兵庫県指定無形民俗文化財）が見事な妙技と迫力で観客を惹きつける。

二日目の正午から行われる本宮・神幸祭では、本殿での神事の後、鳳輦や神輿、稚児らが神社周辺や明石駅前の魚の棚商店街などを車や徒歩で巡幸。一方、神楽獅子は氏子の店々や各家をお祓いして回り、祭りムードを盛り上げる。

巡幸を終えた夕方四時三十分頃、稲爪神社の由緒にまつわる「大蔵谷の牛乗り神事」（明石市指定無形民俗文化財）がお旅所である八幡神社でスタート。使者が儀式進行の口上を述べた後、鉄人が連れてきたとされる黒牛に、小千益躬に扮した稚児がまたがる。「千年も万年も大蔵谷の浦において、千と万と大祝い、小祝いつづき候」と唱えると拍手喝采。幸せを招く福銭が撒かれ、見物客がわっと駆け寄る。黒牛や神輿、子ども山車、ブラスバンドなどの行列が稲爪神社を目指すうち、やがて黄昏に。提灯が幻想的な雰囲気を醸し出す頃、最後の神輿が宮入りへと向かう。（木村）

かわいらしい稚児が福銭を撒く

◇所在地/明石市大蔵本町６−10
電話078-911-3143
◇交通/山陽電鉄人丸前駅から徒歩５分
◇時間/土曜日午後５時〜９時頃、日曜日正午〜午後８時頃

10月8日【浜坂麒麟獅子舞】宇津野神社

享保年間に因幡から

黄金色の波が揺れる頃、宇津野神社の杜に祭囃子が響く。人々は笛や太鼓、シャンシャンと聞こえるリズムに乗って足取りも軽く急な石段を登っていく。

麒麟獅子舞の起源については定かでないが、江戸時代初期、因幡東照宮（現鳥取市）に始まり、享保年間（一七一六～三六）に但馬に伝わったとされるのが一般的。現在も鎧・千谷など十指に及ぶ地域で固有の名を冠に付けて継承されている。元来、麒麟は空想上の動物で、大きな口、鼻の穴、殊更に強調された眉と耳、大げさに立つ角、そして天を差す尻尾、麒麟獅子はどれもがユーモラスに出来上がっている。

江戸時代には漁師町に一組、明治の頃、百姓町にもう一組が作られ、昭和になって二組が競い舞う「二頭舞」が創作されたという。構成と役割は、「麒麟獅子舞」には獅子頭・胴・二人立ち舞い（前役・後役）があり、先導役の「猩猩」「囃子方」には篠笛（二～六人）、和太鼓（一～二人）に加え浜坂特有のジャンジャン（二～三人）で一組が構成され、門付けを行う。何しろ獅子頭は十六キログラムもあり、力自慢の若者でも一人五～六戸回るのが限界とか。町内一回りするのに五十人以上が交代で舞う。胴の衣装は、蚊帳《かや》と呼ばれる朱染めの西陣織、黒の背筋の端に五十センチの尾がついている。囃子方は橘紋の法被をまとい、鉦の一種のような浜坂ならではの楽器「ジャンジャン」を打ち鳴らし、舞いを盛り上げる。地を這うように踊り、天を突くように舞い上がる。

西の空が茜色に染まる頃、麒麟獅子舞連中は宇津野神社に戻ってくる。心地よい疲れの表情に充実感が満ちていた。昭和四十五年（一九七〇）五月保存会結成、昭和四十七年三月「兵庫県重要無形民俗文化財」に指定。（桑原）

力強く、ユーモラスな獅子の舞い

◇所在地/美方郡新温泉町宇宇津野森
電話0796-82-1378（麒麟獅子保存会理事・渡邉啓介氏）
電話0796-82-4580（浜坂観光協会）
◇交通/ＪＲ山陰本線浜坂駅からタクシーで10分
◇時間/午前９時頃～　宇野津神社神事
午前10時頃　門付け
午後２時頃～　門付け
午後５時頃宇津野神社　終了

10月10日前後の土・日曜【青垣翁三番叟】

寺内八幡神社

地域の民俗芸能が全国的に

丹波市の山間部、青垣町沢野に八幡神社があり毎年十月に神事として「翁三番叟」が行われる。

起源は室町時代末期と言われているが、一時期中断し、江戸時代に歌舞伎や操り人形の所作を入れて復活したと言われている。神社の氏子である寺内《じない》と小和田《こわだ》の集落の人々によって継承され現在に至る。

中世の素朴な民俗芸能として地域の中で親しまれてきたが昭和になって青垣町の中学教師であった人が民俗芸能の研究家であったため、学問的にも貴重な存在であることを喧伝し、次第に全国的に知られるようになった。

八幡神社は集落の小高い丘の上に建ち、駐車場のある入り口に石の灯篭があり、八幡宮と彫られている。ここからは徒歩でゴロゴロ道と石段を約十五分登ると境内に達し、左手に本殿・拝殿、右手に舞台があり、壁面には褒状・感謝状がずらりと掛けられ、後ろには紺地の幕が下がり、平成十三年

獅子舞に観衆が声をかけ一体となって楽しむ

（二〇〇二）再調とある。保存会に聞くと、定かではないが同じ幕はかなり前から使われていたという。

三番叟は翁・千歳《せんざい》・父尉・笛小鼓の囃子方と地謡などで成り、二週間前に「こやいり」公民館で毎晩練習する。「翁」は成人、千歳は小学低学年、父尉は中高年生が選ばれる。祭礼の当日、宵宮、本宮ともに保存会会長を先頭に翁・千歳の順で公民館から神社へと練り込みが行われ境内に到着する。

まず本殿に参宮したあと、「庭きよめ」の獅子舞が始まる。獅子舞は、本殿と舞台の間の広場にゴザを敷き、その上で行われる。

ヨイヤサ、ヨイヤサの掛け声と共に獅子が刀をくわえて舞う悪魔祓い、花の舞い、扇の舞いと続き、その間、マネシと呼ぶ役や子どもたちが獅子の周囲を回って同じ所作を繰り返し、じゃれあいながら獅子をからかう。

途中に、賑やかな扮装をした天狗が出てきて、竹笹につけた五色の短冊をふり回し、観衆の中の子どもをからかったりして、獅子舞と観客が一体となって楽しむ姿は、いかにもふるさとに伝わる民俗芸能の喜びを感じさせる。

獅子舞が終わると、ゴザを巻きとり、観客は舞台のそばにいき三番叟が始まる。まず千歳が白塗りしたかわいらしい姿で面箱を捧げて本殿と小宮に参詣し、揃って座る。狩衣姿の翁の舞、千歳の舞に次いで父尉は揉《もみ》の舞・鴉跳の所作があり、黒面を着けて黒式尉《こくしきじょう》となって千歳との掛け合いなどがある。掛け合いから三番の舞に移る。

三番叟は、翁が幕内に入って面を着けたりする翁の所作に、操り人形の影響のある部分が見られる演出などで、兵庫県下の多くの三番叟の中でも珍しいとされている。

この行事、年配の人には昼の神事をお勧めする。夜は十時過ぎになるので帰りの道が歩きにくく危ない。（小山美）

翁三番叟の舞台

◇所在地/丹波市青垣町寺八幡神社
電話0795-87-2222（丹波市観光協会青垣支部）
◇交通/ＪＲ福知山線柏原駅から神姫バスで佐治終点下車。神社へは約２キロ、タクシー５分（徒歩は40分）。車は北近畿豊岡自動車道青垣出口から５分
◇時間/宵宮：午後８時30分頃～
本宮：午前10時頃～

10月第2日曜【船渡御祭】大避《おおさけ》神社

勇壮、優雅、幽玄の海上絵巻に魅せられる

大避神社は、京都の太秦に広隆寺を建立し、また神楽を創作して猿楽の祖といわれている秦河勝《はたのかわかつ》公を祭神とする。蘇我氏の迫害から逃れて海路を坂越浦《さこしうら》に着き、千種川流域の開拓を進めた河勝公の功績を偲ぶ村人たちが創建したと伝えられ、航海・交通安全、厄除けの神社として信仰されている。

船渡御祭は国選択無形民俗文化財で、地元では「坂越の船まつり」と呼ばれて三百年余り続く伝統行事である。

河勝公の分霊が移された神輿は、猿田彦や神楽獅子の舞いに導かれて神社を出発し、時間をかけてゆっくり下り、東の浜へ向かう。

浜辺では、氏子の締め込み姿の男たちが、祭礼船を引っ張る漕ぎ船「櫂伝馬《かいてんま》」二隻を沖から漕ぎつけて待つ。やがて到着した神輿を船に乗せる橋を作るため、漕ぎ手約三十人は、長さ六メートルもある長いバタ板七枚を激しく練り合いながら船にかけていく。浜を埋めた観衆も緊張して見守る勇壮なバタ練りだ。

神輿が乗船すると、漕ぎ船二隻は、一列に連なった獅子《しし》船《ぶね》、頭人船《とうにんぶね》、楽船《がくぶね》、神輿船《みこしぶね》、議員船《ぎいんぶね》や歌船《うたぶね》など十二隻（兵庫県重要有形民俗文化財）の祭礼和船団を曳いて漕ぎ出す。船上では獅子が舞い、雅楽を奏で、舟歌を歌い、坂越湾の海上渡御は、優雅で華やかな一幅の絵巻物を見る風情である。

船団は、百九十種余りの植物が生い茂る国指定特別天然記念物の樹林を有して国立公園特別保護区に指定されている生《いき》島《しま》に到着し、御旅所では祭儀が行われる。夕闇の中、高張り提灯をともした船団は、数十基のかがり火が燃える東の浜を目指す。接岸すると漕ぎ手たちは最後のバタ練りをし、神輿は行列して幽玄な宮入りをする。（三浦）

坂越湾をめぐる優雅な船渡御

◇所在地/赤穂市坂越1299
電話0791-48-8136
◇交通/ＪＲ赤穂線坂越駅から神姫バス坂越港下車すぐ
◇時間/午後０時30分～７時頃

10月12日【海上渡御祭】　海《わたつみ》神社

船渡御で祈る航海安全と漁業繁栄

　垂水の漁港から国道二号を挟み北側に鎮座する海神社。古名をアマ神社またはタルミ神社、現在は一般にカイと読む。別名を綿津見《わたつみ》神社、衣《え》財《たから》田《だ》大明神とも呼ばれ、漁業はもちろん衣財の神として、農業、商売などすべての家業繁盛、家運隆昌、衣食住満足の神としても広く崇敬されている。

御座船が神社前の港を出て行く

　祭神は、正祀が底津綿津見神《そこつわたつみのかみ》、中津綿津見神《なかつわたつみのかみ》、上津綿津見《うわつわたつみの》神《かみ》の〃綿津見三神〃で、配祀に大日孁貴尊《おおひるめむちのみこと》（天照大神の別名）。総称して綿津《わたつ》見大神《みのおおかみ》ともいう綿津見三神は伊弉諾命《いざなぎのみこと》の子で、天照大神、素盞嗚命《すさのおのみこと》、住吉三神とは兄弟に当たる。海幸山幸の神話で知られる彦火《ひこほ》火出見尊《ほでみのみこと》（山幸彦）は、失った釣針を探して訪れた海中の宮で、綿津見大神の娘・豊玉姫尊《とよたまひめのみこと》と結婚。帰りにもらった潮満珠《しおみつたま》・潮干珠《しおひるたま》の霊力で水を司ったと伝えられる。

　そして千数百年の昔、神功皇后が三韓征伐を終えての帰途大嵐に遭い、自ら綿津見三神を祀って祈願したところ、風波が収まり無事都に還られたという。その三神を祀った所に社殿を建て、神徳を仰いだのが海神社の由来。

　この海の神の最大の祭りが、十月十日〜十二日の秋祭り。祭りの無事を祈願する十日夜の宵宮祭に続き、十一日は午前十時から例祭。また東垂水と西垂水の櫓太鼓が周辺を巡行、翌十二日の夜七時前に相次いで宮入りをする。

　メーンの船渡御は十二日。午前九時の出御祭に続いて神璽《しんじ》を奉った神職と稚児ら数十人が、すぐ前の港へ。午前十時、神璽を乗せた御座船や伴走の船々が、港内を三周したあと西垂水、東垂水、神戸港、塩屋海岸を巡り正午前に戻る。神輿の渡御もあるそうだが、取材の二〇〇六年は、神輿は出なかった。（吉田）

◇所在地/神戸市垂水区宮本町５－１
　電話078-707-0188
◇交通/ＪＲ山陽本線・山陽電鉄垂水駅からすぐ
◇時間/午前９時～午後１時頃

10月14・15日【大塩の獅子舞（秋季例大祭）】
大塩天満宮

荒獅子の大胆な動きと囃子の波に呑まれる二日間

大塩の獅子舞と呼ばれ親しまれている大塩天満宮獅子舞は、毎年十月十四、十五日の二日間、大塩天満宮で執り行われる秋季大例祭で神前奉納される兵庫県指定重要無形民俗文化財に指定された獅子舞である。

この大塩天満宮獅子舞の歴史は古く、その起源は鎌倉時代にさかのぼる。日本の獅子舞は元々、仏教の伝来と共に唐から日本に伝えられた神前祭事の一つで、野獅子の生態を描写した動きを神前に奉納することにより、豊穣を祈念したことが起源と言われている。大塩天満宮獅子舞の特徴は、まさに古来のままの野獅子が荒々しい動きでその姿を描写し、野性味溢れる豪快な舞い方にある。

獅子は、氏子内の八つの地区（丁区）（宮本丁、中之丁、東之丁、北脇丁、西濱丁、西之丁、牛谷、小林）に各一頭ずつ、計八頭である。

十月十四日の宵宮では、午前十時、宮本丁、中之丁、東之

本宮での見せ場「道中舞」。詰め掛けた観衆の歓声と囃子の中、獅子たちは拝殿へ向かう

丁、北脇丁、西濱丁、西之丁の各地区（六丁区）ごとに、それぞれ趣向を凝らした屋台と呼ばれる神輿が天満宮へと出発する。十一時頃天満宮に到着した六基の屋台は本殿前と神社西の公園で練り合わせを行った後、夕刻各丁区へ戻ると、いよいよ獅子舞の披露となる。

日が暮れると、屋台を持つ六丁区に、牛谷を加えた七頭の獅子が鳥居前から道中舞を始める。境内では、拝殿前、能舞台、鳥居横二カ所の計四カ所に設けられた仮設舞台で各地区の地舞が披露される。境内での披露が終わると各丁区へ戻り、花代の礼として各家へ獅子舞を奉納して回る。

十五日の本宮は、午前八時の御面掛神事と呼ばれる翁舞に始まり、続く一ッ物神事の後、午前十時屋台の宮入りが始まる。宵宮と違い、本宮の宮入りでは、獅子の先導の後に屋台が続きながらの宮入りを行う。全ての屋台の練り合わせが終わり、屋台が境内に据えられると獅子舞の奉納である。

本宮の獅子舞での見せ場は、宵宮の七つに、小林を加えた八頭の獅子で行われる「道中舞」で、鳥居から拝殿前まで一列に並んでそれぞれの舞を披露しながら進んで行く様子は圧巻である。境内では前日の宵宮と同様、四カ所に分かれて地舞が披露される。

獅子舞が終わり、午後六時を過ぎると境内に据えられた屋台が神社西の公園に移動していき、鮮やかなイルミネーションが屋台を飾る頃、取り巻きの人出も最高潮に達し、祭りはクライマックスを迎える。

我が国の獅子舞は江戸時代まで全国各地で盛んに行われていたが、その後衰退していくなかで、大塩天満宮の獅子舞は町方に支えられながら現在まで衰えをみせない。継承されている獅子舞のなかでは大規模のものであり、貴重な民俗文化といえる。平成十二年（二〇〇〇）には、ベルギーでその雄姿が披露された。（木原）

勇ましい舞を披露する獅子

◇所在地/姫路市大塩町汐咲１-50
電話0792-54-0980（大塩天満宮獅子舞保存会）
◇交通/山陽電鉄大塩駅から南へすぐ
◇時間/獅子舞は14日午後６時～８時、15日は午後２時～５時

10月14・15日【城崎だんじり祭】四所神社

勇壮で美しいだんじりは郷土城崎の心意気

元禄に咲いた祭りの花

四所神社の縁起には、養老元年（七一七）道智上人温泉発見、温泉祖神は四所明神とある。元禄時代になって権力と結びついていた権威的祭りが庶民の娯楽、文化的欲求を満たす祭りへと変化し、今日の「だんじり祭」に繋がっている。

明治以前の城崎は一二三年間、天領「湯島村」であった。往時から湯島地区を上部・中部・下部に分け、各部に「宿《しゅく》」という若衆の修業の場も兼ねた詰所（会合所兼休憩所）を設け、一切の運営を総代を中心とした町衆連中の合議で行っていた。役職は特別警護、太鼓半鐘、警護頭、警護、助頭、助、若助、後見、執頭、若頭、平若衆、若衆、小若衆の十三階級（平成十八年下部の例）。年齢は特別警護の六十三歳を筆頭に小若衆十五歳まで総勢一九五人を一年から三年きざみで分け警護頭（五十四歳）以下が現役で行っている。

「だんじり」とは町衆が押したり曳いたりする「土地の氏神の御車」の意味から「檀尻」と書くのが相応しい。城崎の檀尻には鳴物として大太鼓、小太鼓、半鐘が載っている。太鼓は原則二人が向かい合って叩く。昔から「太鼓の音は神の好む音」と言われ、檀尻と太鼓は一対である。太鼓の叩き方鳴り方ひとつで檀尻の動きは変わる。

十四日の宵宮、朝まだき檀尻庫の扉が開く。町衆連中は準備に集中する。午前九時頃、それぞれの宿から「稽古太鼓」に合わせて町中へ繰り出す。午後には薬師橋で、地蔵湯橋・王橋で二基の檀尻の「セリ」があり、最高潮の夜を迎える。

早朝から若衆連中は気合い満々。檀尻は「手くばり太鼓」の出発合図、一発の「ドン」と「イヤサー」の掛け声で動き始める。秋葉神社から薬師橋を経て町内へ、四所神社宮入りまで檀尻太鼓は南へ北へ響きわたる。路上などに止まって「ドンドンドン、ドコドコドンドン〜」と「休み太鼓（待ち太鼓）」の撥さばきを見せるのも一人舞台の晴姿である。

午後は神輿の渡御と同時に四基の檀尻が一斉に繰り出す。まんだら橋で「セリ」、地蔵湯橋でも「セリ」を競う。秋の陽傾く四時、一の湯辺りに神輿と四基の檀尻が順次集まり興奮状態に陥る。王橋の上で大檀尻の「セリ」が始まった。太鼓の音は一段と大きくなり、強く速くリズムをきざみ若衆に力と勢いを吹き込んでいく。二基の檀尻が上へ跳ね横へ傾き前後左右に激しく揺れる。見物人も勢いに押され右往左往、怪我人は日常茶飯事、時には大谿《おおたに》川へ落ちる人さえあるという。幾度も繰り返される「セリ」、危険と隣り合わせの檀尻と若衆の気勢……その時、二基の大檀尻の間に小檀尻が割って入った。揉み合いに荒れていた橋上の「セリ」も徐々に納まり、神輿と四基の檀尻は四所神社へ還御する。暮れ残る境内で大檀尻・小檀尻の御幣を降ろす「御幣納め」の神事が行われる。伊勢音頭を歌いながら太鼓・鐘に合わせて御幣を打ち振り、神主・宮総代へ御幣を返還、檀尻祭の公式行事は終了する。（桑原）

「一の湯」前の“セリ”は最高潮

◇所在地/豊岡市城崎町湯島
電話0796-32-3663（城崎温泉観光協会）
◇交通/ＪＲ山陰本線城崎温泉駅からすぐ
◇時間/14日午前９時〜午後４時30分
15日午前９時10分〜午後５時30分

10月14・15日【灘のけんか祭り】松原八幡神社

練り場でぶつけあう神輿

播州を代表する勇壮華麗な秋祭り

灘のけんか祭りは松原八幡神社の秋季例大祭の総称である。歴史は古く、約五百四十年前、戦国時代の戦乱で焼失した松原神社を再建した播磨国守護、赤松政則が竣工祭に米二百俵を寄進すると氏子たちは喜び、お旅山《たびやま》まで担いで運んだという。屋台はこの時使ったものが始まりで、その模様は現存する松原八幡宮祭礼絵巻などにも描かれている。

播州の秋祭りを代表するこの祭りは、松原八幡神社が石清水八幡宮の別宮として全盛を誇った頃の支配地である東山、八家《やか》、木場《きば》、宇佐崎《うさざき》、中村、松原そして妻鹿《めが》と、当時の「灘七村」を単位にした氏子たちの強い伝統意識で、現在もしっかり継承されている。

十月、屋台蔵《やたいぐら》や町内には祭礼提灯が吊るされ、各地区の公民館などでは太鼓や獅子舞の練習が行われる。

十四日は宵宮。早朝、「灘七村」の各屋台蔵から出された二トン超の絢爛豪華な屋台は、鉢巻きと絞め込み姿の氏子の練り子たちにより練り上げられる。この練りだしは凛として最も気合が入る。各地区を練り歩き、松原八幡神社へ向かう。

昼前、観衆が待つ神社前広場に到着した屋台は、赤、青、黄など色鮮やかなシデ竹が林立し揺れ動く中を「ヨーイヤサー」の力強い掛け声と共に競い合うように練り合わせ、いきなり盛り上がる。観衆は目の前で展開される勇壮果敢な練りを取り巻いて、屋台の見事な細工を楽しんだり、派手に差し上げられる屋台の姿に感嘆したり、迫力に満ちた屋台の動きに巻き込まれないように気配りしながらの見物だ。

その後、狭い楼門をくぐって宮入りするが、その順序も江戸時代から変わらず、東山、木場、松原、八家、妻鹿、宇佐崎そして中村である。

午後三時頃から七台の屋台は再び楼門をくぐり広場へ出るが、ここでの「七台練り」は必見。激しく練り合わせて、宵宮は最高潮になる。

屋台練りは怒涛と砂埃の中で

本宮の十五日、早朝五時頃から「露払いの儀」や「潮かきの儀」を行い、九時過ぎから、その年の練り番を除く六台の屋台が、大観衆が待つ宮前に到着してくる。正午頃、禊《みそぎ》をすませた練り番の氏子たちが宮入りして、安置してある三基の神輿《みこし》を担ぎ出し、練り合わせる。そして、露払いの壇尻、神官、神輿、屋台の順に一キロメートル西のお旅山へ渡御が始まる。「一の丸」「二の丸」「三の丸」の神輿三基と神輿、幟《のぼり》がお旅山のふもと、広畠《ひろばたけ》の練り場になだれ込んで惜しげもなくぶつけ合う。激しいほど神意にかなうという荒々しさに、特設観覧場の大観衆はたちまち飲み込まれる。

その後、練り場には次々に屋台が登場して、練り子とシデ棒が色彩豊かに渦巻くなか、太鼓に乗せた「ヨーイヤサー、ヨッソイ」の怒号と勇壮華麗な練り合わせが行われる。神事の後、電飾された屋台の練り合わせが行われ、祭りはクライマックスへ向かう。兵庫県指定重要無形民俗文化財。（三浦）

◇所在地/姫路市白浜町甲396
電話079-245-0413
◇交通/山陽電鉄白浜の宮駅から徒歩３分
（両日とも特急が臨時停車する）
◇時間/14日午前11時～夕方（荒天決行）
15日午前９時～午後９時頃（荒天時は翌日に順延）

10月中旬土・日曜【秋季大祭・鉾山巡行】

篠山・春日神社

コンチキチンの鉾山巡行（三笠山）

コンチキチンの鉾山が行く、篠山地方最大の秋祭り

祭神は、健甕槌命《たけみかづちのみこと》、経津主命《ふつぬしのみこと》、天児屋根命《あめのこやねのみこと》、姫大神《ひめのおおかみ》（天照大神）の四祭神である。

貞観《じょうかん》年間（八五九～八七七）に藤原基経《もとつね》、時平《ときひら》父子が日置荘を領有していたことにより、藤原氏の祖神を祀る春日大社の分霊を今の篠山城跡（当時は笹山と呼ばれた）に黒岡村の氏神として勧請した。その後、慶長十四年（一六〇九）、築城のために現在の地に遷座した。歴代藩主の崇敬は厚く、絵馬殿には松平忠国が奉納した黒神馬のほかみごとな絵馬がかけられ、能楽を愛好した第十三代青山忠良《ただなが》が文久元年（一八六一）に寄進した能楽殿は、今でも箱根より西では最も立派な舞台と賞賛されている。

コンチキチン……鉦、笛、太鼓の囃子に「いーや」の掛声がかかる。主役は子どもたちである。地元で「やま」と呼ぶ山鉾（同地では鉾山、子どもたちはチンチキ山と呼ぶ）は京都文化の影響を受け、祇園祭のそれをやや小ぶりにしたようなもので、彫刻や金物、水引、見送りなど、地方にしては立派なものである。

祭礼には、三笠山《みかさやま》、鳳凰山《ほうおうやま》、孔雀山《くじゃくやま》、高砂山《たかさごやま》、剣鉾山《けんぼこやま》、

長寿万歳を表わした豪華な見送り
（高砂山）

狸々山《しょうじょうやま》、諫鼓山《かんこやま》、蘇鉄山《そてつやま》、鏡山《かがみやま》の九台が市内目抜き通りを巡行する。

鉾山の原形は、万治四年（一六六一）小型の曳山から始まったといわれる。いずれも町民の寄付によって建造されたもので、江戸中期の町の繁栄ぶりが偲ばれる。現存する最も古い鉾山は寛文三年（一六六三）の三笠山で、奈良春日大社の神域である三笠山に由来している。鉾は笠を三つ重ねた上に三日月を組み合わせ、中水引の図柄である紅葉に鹿は奈良の秋の風景を、見送りは須佐之男命《すさのおのみこと》の八岐大蛇《やまたのおろち》退治を表している。最も新しい鏡山は享保年間（一七一六〜三六）といわれている。

かつては、それぞれ鉾山の象徴である鉾を立てて巡行していたが、明治末期に電灯線が街路を横切るようになって以来、祭礼の当日各町内に飾られるようになった。巡行は、宵宮は提灯を灯して午後五時から始まり、七時に宮入り。本宮では午前九時三十分から始まり、十二時に宮入りする。曲り角では鉾山の下部に取り付けた万力による方向転換も見ものである。

鉾山のほかに、八台の太鼓神輿が巡行する。文化、文政の頃、祭礼に賑わいを添えるために、王地山《おうじやま》焼の陶工が担ぎだしたのが始まりといわれる。化粧をした四人の子どもたちが太鼓を打ち、三十〜五十人の大人たちが担いで威勢のよい掛け声と共に勇壮に練り歩き、両日とも午後七時三十分から宮入りする。また、四祭神を表す神輿（金御輿《かねみこし》）渡御は、本宮儀式の後、午後一時から市内を巡行する。

名産の黒大豆枝豆や山の芋、松茸、栗などのうまいものが出回り、収穫を祝う秋にふさわしい祭りである。（原田護）

◇所在地/篠山市黒岡1015
電話079−552−0074
◇交通/ＪＲ福知山線篠山口駅からバス15分、歴史美術館前下車２分
◇時間/宵宮午後５時〜、本宮午前９時30分〜

10月15日の直後の日曜【頭人行列】赤穂八幡宮

江戸時代、殿様も覗き見した稚児行列

赤穂八幡宮は、応永十三年（一四〇六）この場所に遷座し、享保三年（一七一八）に現在の本殿が改築されている。「八幡さんの秋まつり」と呼ばれ親しまれている神幸式《しんこうしき》は、寛文元年（一六六一）から始まった頭人《とうにん》行列で、あまりの賑わいに殿様が覗き見した記録もあるという。

頭人は稚児のことで、稚児の家を頭家《とうや》と呼び、昔は引き受けると莫大な費用を要したといわれているが、現在は自治会単位の当番制で継承されている。

頭人行列は、長刀《なぎなた》持ち、宰領《さいりょう》、頭人担《かつ》ぎ、台傘《だいがさ》持ち、胡床《こしょう》担ぎ、雨儀用傘《うぎようかさ》持ち、頭家、家族・親族、茶弁当持ち、道覧《どうらん》籠《かご》持ちで構成される。化粧まわし姿の長刀持ちはふんぞりかえりながら摺り足で進んでは後ずさりを繰り返すが、それを宰領が後ろから支える。頭人は、白塗りで奇抜な化粧をした頭人担ぎに肩車されてかわいい。道覧籠持ちは籠を地面へ叩きつけたり、大声を発しながら籠の菓子を撒き撒き進む。

拝殿を出発した行列が太鼓橋まで来ると、ここに長く留まろうと、長刀持ちが前後を繰り返しねばって進まず、境内の鳥居までのわずかな距離に約一時間を要する見せ場。

ようやく鳥居を通過した一行は鳥居前の広場で後から来る県重要無形民俗文化財指定の獅子舞を待ち、見物する。

獅子舞は、露払いの鼻高《はなたか》を従えて太鼓だけで舞う勇壮な雌雄の野獅子で、重さ十キログラムもある獅子頭を両手に持ち、神輿の前に回って祓《はら》うなど、重要な役目である。

行列は御旅所までの五百メートルに往復約四時間かかる。神事の後、神輿練りや屋台練りが行われ、一行が戻る頃には日は暮れているが、地域の強い絆に結ばれ、時間をかけて準備した祭りは最後まで熱く燃える。（三浦）

頭人と頭人担ぎ

◇所在地/赤穂市尾崎203
電話0791-42-2268
◇交通/ＪＲ赤穂線赤穂駅から神姫バス尾崎農協前下車北へ、または赤穂駅から徒歩12分
◇時間/午前11時30分～午後７時頃

10月第3日曜【とんぼ祭り】日吉神社

神事というより余興の色合い

正式には神河町《かみかわ》・日吉神社秋季例祭だが、一般に「とんぼ祭り」あるいは「とんぼ道中」で通っている。とんぼは、長持ちを担ぐ長い棒のこと。以前は長持ちの中に弁当を入れて担いだものらしい。それが昭和十年頃、余興として花嫁に扮した男性がとんぼに乗ったところ近在の評判になった。

午前十時前に寺前駅で下車すると、すでに寺前地区のとんぼ衆が一息入れているところだった。寺前、鍛治、上岩の三地区のとんぼは、十時三十分頃には駅から三分ほどの荒木商店四つ角に集合する。話題の中心は今年の男花嫁である。歌舞伎役者なみに厚化粧し、打ち掛けに高島田という派手ないでたち。寄ってみると、ヒゲが残っていたりするが御愛嬌。「かわいい」「べっぴんさん」などと品定めしているのは、若い女性たちである。

日吉神社の祭神は大汝命《おおなむちのみこと》と少彦名命《すくなひこなのみこと》である。由来・伝説を聞いても、この神社と男花嫁とは無関係、あくまで余興としてひょうたんからコマみたいな話。この現象を神様どうみておられるやら。こじつけや勿体ぶったいわく因縁が付加されていないのがさわやかで田舎の祭りらしい。

花嫁に選ばれる男性は年齢や地位など無関係、地区によっては新人消防団員から選ばれる。「最初は恥ずかしかったが気分が乗ってきて、祭りの盛り上がりに一役かえて嬉しい」と花嫁は満更でなさそう。適当にお神酒が入ったところで「エッチョコ・ドッコイ」の掛け声とともに神社に向かう。ちょうど正午頃に三地区のとんぼが宮入りする。この道中が二、三十分か。順次境内を練り回ったあと、花嫁は神殿前で三三九度の杯。これまた神事というよりも、まずはめでたし、めでたしというわけで拍手喝采、酒宴となる。（藤嶽）

男花嫁に「べっぴんさん」と声がかかる

◇所在地/神崎郡神河町比延
電話0790-34-0971（神河町役場商工観光係）
◇交通/ＪＲ播但線寺前駅から徒歩15分
◇時間/午前10時頃〜。午後３時頃宮入り

10月19・20日【梛八幡神社獅子舞】梛八幡神社

アクロバット的妙技「梛の継獅子」

梛八幡神社獅子舞の由来には、こういう記述がある。

「神功皇后三韓より凱旋のおり、北方に紫雲たなびき、霊香漂うを感ぜられ、道主命に尋ねしめ給う。何処からともなく獅子が現れ道案内をなし、梛山白檀の木の下に案内す。霊香ここより発し、神霊地であることを知り崇へ神を祭る」

神社そのものも、和銅六年（七一三）の『播磨国風土記』をはじめ、『播磨名所巡覧図絵』などに記載されており、獅子舞と共に歴史は古い。昭和四十三年（一九六八）、兵庫県重要無形文化財に指定された。正徳年間（一七一一～一七一六）、獅子組当番組織が確立され、現在も氏子十七地区、交代で当番に当たっている。住民の数にもより、五年に一度の地区もあれば、二十年に一度回ってくる地区もある。

さて、祭りの当日、梛之里多目的広場には、着物、モーニング礼服の大人に混じって、着飾った子どもたちの姿。二歳から十二歳までと決められている。

宮司の祝詞、役員の参拝、獅子舞の奉納の後、一同神社へ。たくさんの笹には、護符「花」が付けられ、寄付した人の名が書かれている。一年間玄関に張って安寧を願う。

午後一時から、獅子舞が始まる。この獅子舞は、二人の獅子使いが、獅子頭に、ユタンという胴衣を付けたものを被って花笠、綾、ささら、ぼたんの花、扇、薙刀、斧などを持った子役と共に、笛、太鼓、拍子木などの囃子に合わせて、種々の所作表現をしながら踊るというもので、全部で十二の演目がある。最後の「継獅子」は、獅子も童子も共に人の肩の上に乗り、立ち上がってアクロバット的な演技をするもので、「梛の継獅子」として特に有名である。夏からの猛稽古の結果の見せどころである。（小山乃）

継獅子の妙技

◇所在地/たつの市神岡町沢田
電話0791-65-1666（宮司・三星宗紀）
◇交通/ＪＲ姫新線本竜野駅からタクシーで10分
◇時間/午後１時～

10月20日【出石神社例祭】出石神社

子ども相撲で盛り上がるのんびり村里秋祭り

歴史の舞台に度々登場する出石から北へ約二キロメートル、深い入らずの森と杉木立に囲まれ社殿が鎮まる。十時過ぎに神事が始まり、神官や氏子総代、役員が昇殿、楽人が雅楽を奏するなか、次々と本殿に玉串が捧げられていく。小型の和琴《わごん》が珍しい。森閑とした境内から時々聞こえる鳥の声が空気を震わせる。拝殿の一角に天皇家から下賜された幣饌料の標がみえる。十一時過ぎ、式典が終わり社務所で直会が始まった。

出石神社の草創は社伝『一宮縁起』によると、古事記・応神天皇条にある天日槍命《あめのひぼこのみこと》が新羅から持ち帰った八種の神宝を伊豆志《いずし》八前大神《やまえのおおかみ》として天日槍命と共に祀ったのが始まりとされ、八世紀の初めには既に祭祀が執り行われていたようだ。延喜式の神名帳にもその名がみえる。天日槍命は土木工事の技術に優れ、当時泥海のようだった円山川河口の岩山を切り開き、現在の肥沃な但馬平野を築いたといわれる。

神門の横にある古木は昭和八年（一九三三）、出石川改修の折りに古銭と共に地中から発見されたもの。

午後になると人々が集まり始める。体操ズボンの上からまわしを締めた子どもたちが土俵の東西に座る。行司が土俵上での作法を説明しいよいよ取り組みが始まった。相撲は『日本書紀』による当麻蹴速《たいまのけはや》と野見宿禰《のみのすくね》の力比べが始まりとされる。奈良時代、各地から相撲人《すまいびと》（力士）が集められ、宮中の儀式として三百年以上続いた。中世になると神社で神事として相撲が奉納されるようになる。相撲が国技と言われるゆえんだ。

午後三時過ぎ、拝殿前で相撲の表彰式が終わるとお待ちかねの餅撒きだ。拾った餅に番号があり自転車や草刈り機が当たる。神饌のおすそ分けでみんな元気になる。（河瀬）

友達や母親から賑やかな応援の声

◇所在地/豊岡市出石町宮内99
電話0796-52-2440（社務所）
◇交通/ＪＲ山陰本線豊岡駅から全但バス
出石行き20分鳥居下車
◇時間/午前10時30分～午後３時40分頃

10月21・22日【ちょうちんまつり】魚吹八幡神社

烈しく竹竿を打ち合う「提灯練り」

珍しい提灯練り、播州屈指の祭り

夕方七時、社頭（楼門前）にはすでに黒山の人だかりができ、提灯練りが始まった。伊勢音頭の歌声が高らかに響く。

ソリャ　ヤートコセーエノ　ヨーイヤサー

歌い終わるや、突然、全員寄ってたかって竹竿で高張提灯をめった打ちにし始めた。竹竿どうしがぶつかる烈しい音と掛け声、見物人の間から起こる歓声と悲鳴――いっとき会場は壮絶な空気に包まれる。きれいだった提灯はあっという間に破れ、まるでピラニアに襲われたように、骨だけになった。そのあとボロボロ提灯の竹竿を持って円陣になり、伊勢音頭と共に地面を突く所作をする。この一連の動作を何回か繰り返すが、そのたびに提灯はみるみる形を失ってゆき、骨さえも砕け落ち、ついに竹竿だけの無残な姿となった。

この提灯練り神事を七地区（平松・吉美・大江島・興浜・新在家・余子浜・垣内）が順に行い、提灯（の残骸）を持った氏子衆は楼門から境内に入って拝殿前に集結する。

「ちょうちんまつり」は魚吹八幡神社の秋季例祭宵宮祭のことで、氏子一万数千戸、神輿三基、屋台十八基、檀尻四基、獅子檀尻一基による播州屈指の大祭である。「網干祭」

とも言われる。その宵宮は、三基の神輿に応神天皇・神功皇后・玉依姫命《たまよりひめのみこと》が乗り移られ、御旅所（渡神殿）に渡御する。その時に行われるのが「提灯練り」で、御旅提灯はこの後、神輿のお供をして約八百メートル西の御旅所まで行列を組んで練り歩く。到着すると神輿に御神饌が供えられ、宮司祝詞が奏上される。そして午前〇時頃、宵宮の熱気も深夜の冷気で静められて終息を迎える。

明けて二十二日は昼宮祭。早朝から太鼓の音が鳴り渡る。午前十一時過ぎまでに屋台、檀尻流しが御旅所に練り込み、それらが広い練り場にずらりと並んだ様はまことに壮観。渡神殿での神事、朝日谷神楽獅子舞奉納の後、十二時前頃から檀尻芸が奉納される。この年、演芸番は「新在家」だった。それに続いて「余子浜」が演じ、それぞれ見物席から盛んにおひねりが飛ぶ。「興浜」は楼門前での奉納だった。

御旅所での祭典の後、神輿の還御や屋台の宮入りが行われる。午後一時前、一番屋台から順に神社へ向けて出発、御神宝、金幣、神輿、檀尻と続き、圧倒的な迫力でゆっくりと行列は進む。楼門前で練った屋台は擬宝珠を外し、楼門から境内へ入り、本殿前で再度練り合わせを行う。「チョーサー」の掛け声と共に重い屋台を頭上に高く差し上げる「屋台練り」は、息の合った力強さが見もので、見物客からどよめきが起こる。境内では二段継ぎ獅子舞が奉納されていた。

祭り当日は大変な人出である。二十一日の宵宮は午後三時～九時、翌日の本宮は午前九時～午後十一時が、神社の前と東側の道は歩行者専用となる。この間、県道二十七号線（太子御津線）の坂出交差点あたりから垣内交差点の間は通行禁止。二十二日には神社裏の宮内川の北側に臨時駐車場が設けられ、近辺は終日駐車禁止となる。電車利用が無難だ。

（小嶋）

御旅所に並んだ屋台18基

◇所在地/姫路市網干区宮内193
電話0792-72-0664
◇交通/山陽電鉄山陽網干駅から徒歩15分
◇時間/21日・宵宮祭：午後7時～提灯練り開始、午後10時～渡御
22日・昼宮祭：午前11時12分～御旅所での祭典（神楽獅子舞、檀尻芸など）、午後12時47分～屋台出発

10月の土・日曜【大石りくまつり】豊岡市内

義士の妻の遺徳を称えるパレードやイベント

かわいらしい金管バンド隊が、威勢よく演奏しながら、目抜き通りをさっそうとパレード。その後に、義士装束の子どもたちや威儀を正したお武家衆、着飾った婦女たちの行列が続く。やがてお目当ての大石内蔵助の妻りくが登場した。島田に結い、花柄の振袖を着け、人力車に乗っている。りくに選ばれた美女は、車上からにこやかに沿道の人々に挨拶。

俳優の田村亮さんも裃をつけ、人力車に乗っていた。名古屋・御園座で開かれる赤穂浪士の舞台に内蔵助役で出演するそうで、前宣伝を兼ねて参上したという。「ドーン」と大きな爆発音が聞こえ、そのたびに悲鳴ともつかぬ歓声が上がった。武者の一行が大筒を引っ張り、空砲を放っている。

行列には約六百人が参加して午前十一時頃にJR豊岡駅前を出発し、ゆっくり歩いて駅通りを抜け、三時間余りで、りくの生誕地へ着き、流れ解散した。また、市立総合体育館広場では屋台が並び、フリーマーケットや抽選会が開かれ、特設ステージではさまざまのイベントが行われて賑わった。

りくは寛文九年（一六六九）に豊岡藩の武家に生まれ、十八歳で赤穂藩家老の内蔵助に嫁いだ。元禄十五年（一七〇二）に、内蔵助をはじめ赤穂浪士たちは、主君の仇を見事に果たして切腹した。その後、りくは子息が廣島藩に仕官したのに同行し、その地で元文元年（一七三六）に没した。

武士の妻として誉れの高いりくを顕彰すると共に観光客を誘致しようと、豊岡市では九年前からこの祭りを始めた。この年、平成十八年は十月二十一日に追悼法要とお茶会が開かれ、二十二日に本番のパレードを迎えた。コウノトリとカバンの町・豊岡に、祭りは新たな生気を与えている。（栫）

若者たちがダイナミックに踊る

◇所在地/豊岡市内駅前、市立総合体育館広場など
電話0796-22-8111（豊岡観光協会）
◇交通/ＪＲ山陰本線豊岡駅下車すぐ
◇時間/毎年10月に開催の予定。日時は観光協会に事前に確認のこと

冬

11・12月

11月2・3日【有馬大茶会】瑞宝寺公園ほか

瑞宝寺公園での野点。楓約600本、美女多数。太閤ならずとも「予は満足じゃ」

錦繍の秋に太閤秀吉を偲ぶ大茶会

有馬温泉と因縁浅からぬ太閤秀吉を偲ぶべく、昭和二十五年（一九五〇）から始まった茶会である。主催する有馬温泉観光協会による『有馬大茶会由来記』は「太閤秀吉公は有馬温泉に度々訪れて心身を癒されていました。有馬に滞在の時は千利休らと茶会を催し、あるいは地元の人たちを茶会に招いて、有馬の風流を楽しまれたようです。このような故事に則り、有馬温泉観光協会では昭和二十五年に茶の湯のこころと有馬温泉の風致を多くの方々に味わい楽しんでいただくために、太閤を偲ぶ『有馬大茶会』ははじめられました」と記す。

『有馬温泉史料』（風早恂編）などによれば、秀吉は天下統一の少し前の賤ケ岳合戦の後、天正十一年（一五八三）頃から九回以上有馬温泉を訪れている。日ごろの激務を癒す湯治目的はもちろんであるが、それ以外に大坂城築城前や天下統一後などには、十日から二十日間も滞在しているのはなぜか。ほかにすることがあったという見方もある。すなわち、大きい仕事の事業処理や今後の作戦会議をかねていたという。諸大名もお伺いにやってきた。有馬は現在の東京・赤坂なみに賑わい繁栄した。重要人物やその奥方、関係深いと見られる女性まで内緒で有馬に呼んで、接待の限りを尽くすことも。そこで役所では聞けないホンネを聴取し、間違いない情報を収集した手口は、現代の人事課以上だったとみる説もある。京都から近く、政治の談合、時にはサロンだった。

現在は表千家・裏千家の家元が毎年交代で、それぞれの同門支部会員らの協力で開催される。もちろん、政治や権力がからむ茶会ではない。茶道と紅葉を満喫するのである。

折から有馬温泉とその周辺の山々は、絶好の紅葉期だ。

献茶式は二日午前十時三十分から善福寺でその年の担当家元宗匠によって秀吉公霊位に献茶される。善福寺はバス案内所向いの石段を登ったところにある。行基《ぎょうき》の開基、仁西《にんさい》が再興した。樹齢二百七十年を超える一重のしだれ桜はイトザクラと呼ばれて神戸市民の木に指定されている。太閤秀吉は千利休と共にこの寺や末寺の阿弥陀堂で度々茶会を開いた。伝わる茶釜は、千利休が名人与次郎につくらせて、秀吉に贈ったもの。鎌倉時代作の聖徳太子像は国の重文である。

野点席は瑞宝寺公園（雨天変更）、点心席は有馬グランドホテル雅中庵など。瑞宝寺公園は紅葉坂を登る。古さびた山門、家康の時代に伏見城の遺構を移築したものといわれる。明治初期に廃寺となったのを、戦後、神戸市が所有し公園にした。錦繡谷と呼ばれた紅葉の名所。禅寺の面影残る園内に楓約六百本、その中での野点は舞台を得て華やかなうちにもしみじみとした風情を添える。石垣下、日暮らし庭の一角に秀吉愛用の石の碁盤がある。

念仏寺は秀吉の正室・北政所（ねね）の別邸跡と伝える。その名残は見事な石垣が雄弁に物語る。本堂の裏庭に樹齢二百五十年の沙羅双樹（夏椿）があり、六月下旬、苔の庭の落花を愛でながら一弦琴を聞く観賞会が開かれる。雅中庵は深山の趣の茶室棟である。（藤嶽）

瑞宝寺公園にある石の碁盤

◇所在地/神戸市北区有馬町790-3
電話078-904-0708（有馬温泉総合案内所）
◇交通/神戸電鉄有馬線有馬温泉駅から徒歩15分。大茶会両日とも大茶会本部から随時各茶席・野点地へ無料巡回バス運行
◇時間/両日とも午前9時～午後3時。善福寺・献茶式は2日午前10時30分～（一般参列は先着80名限り）

11月3日【出石お城まつり】豊岡市出石町

歴史のまち出石、子どもと大人の大名行列が華やかに

三方を山に囲まれた城下町・出石は歴史の積層をずっしりと感じさせてくれる小ぶりで落ち着いたまちだ。天日槍《あめのひぼこ》、伊豆志袁登売神（出石乙女）の伝説、四百もの古墳の昔から独特の文化を持っていたことが推測できる。

お城まつりのハイライト・大名行列は江戸時代、藩主・仙石久利公の奥方のお国入りの供をした赤坂奴の行列を模したもので当時の参勤交代の様子が今に伝えられている。午前九時過ぎ、辰鼓楼広場で開会式が行われ、小・中学生の音楽隊パレード、和太鼓演奏など午後までイベントが続く。十時を過ぎると急に人が増えはじめ道沿いの露店や地元の物産店も賑やかになっていく。

名所の一つ「家老屋敷」は大名行列の控室になり、奴や腰元、武者姿の大人や子どもたちでごったがえしている。出番を待ちながら弁当を広げる姿も見ていてほほえましい。

十二時三十分頃、子ども大名行列がスタート。旗持ち、御立振れの後、乗掛、奴、羽織り姿で乗馬した城主、家老、腰元らが続く。約百二十名の行列は辰鼓楼の前から北へ。難しい槍振りや所作をこなしながら一時間半程かかってメーンストリートを回る。

二時からいよいよ大人大名行列槍振りが始まる。出石城の城門が開くと先頭に拍子木を持った御立振れ、金紋先箱《きんもんさきばこ》と続き諸役が加わって列を整え行列が出発する。奴の足さばき、槍振り、回転する白熊《はぐま》、駕籠かきの手足同調などしっかり練られた「わざ」が見事だ。行列の途中で持ち物、歴史、所作について説明がありこれもおもしろい。見るのに疲れたらもちろん出石そば。見所が多く他日ゆっくりと歴史散歩を楽しむのもいい。芝居小屋・永楽座も復元された。（河瀬）

城門が開き待ち兼ねた大名行列が始まる

◇所在地/豊岡市出石町
電話0796-52-4806（但馬國出石観光協会）
◇交通/ＪＲ山陰本線豊岡（江原、八鹿）駅から全但バス30分
◇時間/午前９時頃～午後４時頃

11月15日【御柱祭《おはしらさい》】廣峯《ひろみね》神社

翌年の「凶方」が決まる陰陽道の祭り

旧参道を登って行くと、広大な屋敷跡や朽ちかけた土塀があり、往時は壮大な社地だったろうことが想像に難くない。姫路市街の北方、広嶺山上に鎮座する廣峯神社は、十八年間の中国留学から帰国した吉備真備《きびのまきび》が、天平六年（七三四）に創建した神社。悪病を防ぐ神、牛頭天王《ごずてんのう》の総本山で、平安時代に京都で疫病が蔓延した際、祭神を京都・八坂に分けて祀ったところ病が治まったことから、八坂神社の本社ともいわれる。

吉備真備が中国で陰陽暦学を学んだことにちなみ、陰陽道で一年中で最も大安吉日とされる十一月十五日に、「一陽来復」「陽気発達」を祈る祭りとして行われるのが「御柱祭」だ。

当日の早朝、高さ約五メートルの御柱の頂上に方位を表す十二支を記した割り木十二本を巻き付け、その先に御幣と赤色のもみの布、三本の白扇を付けて、社殿の前に立てられる。そこに大神が降臨されるとされ、午後五時頃「本殿祭」が行われた後、御柱の根元に火を放って「御柱焚き上げ神事」が催行される。火はもうもうと燃え、やがて御柱が倒れるが、倒れた方向が翌年の節分の日以降の凶方（注意すべき方角）とされる。太陽の光が徐々に衰えていくその時期に、農耕生活に欠かせない太陽のよみがえりと、翌年の豊作を祈る意味合いもあったという。

御柱祭は、起源を平安時代にさかのぼる、いにしえの人たちの暮らしぶりを反映した祭りだ。明治初期の神仏分離令以降長く途絶えていたが、平成十二年（二〇〇〇）に再興。四月三日の御田植祭、四月十八日の祈穀祭と並ぶ、廣峯神社の三大祭の一つとして、人気を集めている。（井上）

御柱焚き上げ神事

◇所在地/姫路市広嶺山52
　　電話079-288-4777
◇交通/ＪＲ・山陽電鉄姫路駅からタクシー15分
◇時間/御柱焚き上げ神事午後５時～

11月19日【人形供養】門戸厄神（東光寺）

振り袖道中など、地元密着のイベントも賑々しく

地元の人々に、「門戸の厄神さん」として親しまれている東光寺は、弘法大師によって天長六年（八二九）に開基された真言宗のお寺である。

境内の厄神堂には、弘法大師が白檀木に刻んだとされる三躰厄神の一つで、唯一現存する貴重な厄神明王像が祀られている。そのため厄除け祈願のお寺として広く親しまれ、毎年一月十八・十九日の厄除大祭の折りには、厄年を迎える人々を中心にした参拝客で大いに賑わう。

厄除大祭だけでなく、一年を通して行事やイベントが盛んなお寺で、地元門戸商店街にも協力を惜しまず、さまざまなイベントに境内を開放している。かつては門戸小学校（現・甲東小学校）として開校された歴史もあり、昔から地元密着度の高い寺だといえる。

また、人形供養の寺としても知られ、毎年、三月一日から十一月十九日午前中までの間、役目を終えた雛人形・日本人形・博多人形・ぬいぐるみなどの人形を受け付けている。順次寺内で供養するが、十一月十九日には、総合人形供養法要が行われる。人形に込められた人々の想いをお祓いし、人形の魂にお別れする儀式として、多数の参列者が、お焼香をし、人形に手を合わせる。

この法要当日直前の日曜日から当日までに、さまざまな人形供養イベントがある。タンスの奥にしまってある振袖を着て街中を歩くという振袖道中は、年齢に関係なく参加できるので、子どもたちからおばあちゃんまで、楽しそうに華やかな振り袖を着て行列する。アニメキャラクター、阪急ミニ電車などの人形供養イベントや、イベント期間中には人形展示も行われる。（団田）

仲良くあでやかに振袖道中

◇所在地/西宮市門戸西町２-26
電話0798-51-0268
◇交通/阪急今津線門戸厄神駅から徒歩10分
◇時間/午前10時～

11月23日【百石踊り】駒宇佐八幡神社

豊穣を願う勇壮なリズム、赤と黒の色彩が舞う

吹き渡る風はひんやりとして、木の葉の揺れる音がかすかに聴こえてくる。周囲には収穫を終えた田んぼが広がり、秋色深い小さな里山がわずかに視界をさえぎるだけ。心の温まる田園風景に包まれて、駒宇佐八幡神社のあたりは、時がさらさらと手のひらからこぼれ落ちていくようだ。

うっそうとした神社の森は「百石踊り」の日を迎えて、行き交う人々で賑わっていた。緩やかな坂を登ると会場の境内に突き当たる。定刻を少し過ぎて、奉納が始まった。

旅姿の僧の先導で、袴姿に赤いたすきのりりしい子どもたちが続き、小太鼓を景気よく打ち鳴らす。続いて女装の大人たちが現れ、五色の杖をついている。菅笠から垂れた赤い布で顔を隠し、色帯を胸高に締めているのが印象的だ。鬼や山伏、鉄砲方も加り、総勢五十人ほどになろうか。太鼓のリズムや道歌は徐々に熱気を加え、大地を踏み鳴らして乱舞する頃には、踊りも最高潮に達する。

「百石踊り」は文亀三年（一五〇三）に始まったとされ、兵庫県の無形文化財に指定されている。村人が旱魃に苦しんでいたところ、諸国巡礼中の僧侶が立ち寄り、雨乞いの祈願を捧げた。満願の日に大雨が降り、天地はよみがえった。これを祝って踊りが奉納され、僧侶の功績を後世に伝えた。名前の由来は、奉納のたびに費用が米百石ほどかかることにちなんでいる。

境内を見下ろすようにして本殿が建つ。現在の建物は明和年間（一七六四〜一七七二）に藩主九鬼隆邑と村人の寄進により再建され、三田市指定文化財になっている。こぢんまりとしているが気品が漂う。地元の人々によって大切に守り継がれる伝統行事には、心を癒されるものがある。（桝）

赤と黒、色彩が太鼓のリズムに乗って舞う

◇所在地/三田市上本庄1221
電話079-568-1251
◇交通/ＪＲ福知山線・神戸電鉄三田駅からバス須磨田行き30分須磨田下車、徒歩３キロ
◇時間/午後１時から約20分間

12月第1日曜【かすみカニ場まつり】香住漁港西港

トレトレの松葉ガニは新鮮で美味

十二月初旬の山陰但馬はもう冬の佇まいである。この日本海独特の天候が解禁間もない旬の松葉ガニの味覚を引き立ててくれる。

ＪＲ香住駅から会場の香住漁港西港まで徒歩で約十五分だが、道沿いの海産物店やカニ漁船が出港する港風景を楽しんだりするのもよい。カニ場まつりの会場は氷雨の天候で漁連の建物の中であった。

寒風を遮るように大漁旗が掲げられ、大勢の人の熱気で賑わっていた。午前九時から開催宣言、続いて大太鼓による景気づけでサービスイベントがスタート。雰囲気が盛り上がったところで、餅まき大会やカニ雑炊早食い競争が始まる。

しかし、即売会の買い物目当ての人は出店に急ぐ。松葉ガニでは、活ガニ、生ガニ、ボイルガニ、カニスキ用やセコガニは所狭しと並べられ、人でいっぱいである。また、カニスキ、カニチリ用の地元産の野菜まで並べられている。

ちなみに、カニの値段は市価の二割から五割引のようであった。熱気にあおられてお腹が減れば、カニ寿司や熱々のカニうどんが食べられる。まさに、カニまつりにふさわしい、カニづくしのグルメばかりである。午後一時頃には売切れ、販売終了となる。

松葉ガニをゆっくりと賞味したい方は、香住の旅館や民宿で味わうのもよい。

遠方の人で午前中に行けないという方に、漁協直営店を紹介しておこう。会場のすぐ前に「遊魚館」がある。冬場は松葉ガニが中心だが、四季を通して、エテカレイ、ハタハタ、ノドグロ、ブリ、赤イカ、スルメイカなど、地元、但馬の海で獲れた新鮮な海の幸が豊富に揃っている。（藤江）

香りよし、味よし、旬の松葉ガニは冬の味覚ナンバー１

◇所在地/香美町香住漁港西港
電話0796-36-1234（香住観光協会）
◇交通/ＪＲ山陰本線香住駅から徒歩15分
◇時間/午前９時～

12月中の12日間【神戸ルミナリエ】
旧外国人居留地・東遊園地

感動・勇気・希望の光

阪神間の街を地の底から揺るがし、あらゆるものを倒壊させた阪神・淡路大震災から十余年が経った。市街地は奇跡の復興をし、当時の悲惨な状況を示すものはほとんど見られない。けれど、六四三四人の犠牲者を出し、市民の心には今なお深く傷は残っている。

第一回のルミナリエが開催されたのは、震災の年の十二月のこと。闇の恐怖が漂っていた時期に、光を掲げることは、喜びや安全を与えるに違いないとの思いから始まった。

二〇〇六年冬、正面のフロントーネに近づくと、高さ約二十メートルのまばゆく光り輝く巨大なアーチが出迎えてくれた。イタリアで制作された光の門「夜空の誘い」に、来場者の目は釘付けになる。電飾のテーマは毎年変わり、人波のそここから「ワー、きれい！」「すごい！」と、感動の声が上がる。さらにその奥につながる、二百七十メートルの「きらめきのストラーダ」が、光のトンネルを作る。この場所がオフィス街の一つの通りであることを忘れさせる瞬間だ。

この感激が、悲嘆の中に沈み込んでいた市民を、どれほど勇気づけたことか。輝く光は神から届けられた、強い心を持ちなさい、という希望のメッセージのようにも感じられる。

アーチを抜けると、東遊園地のスパッリエーラに設けられた「夜空の魅惑」は光の王冠。宝石のように輝く壁の中に群集は飲み込まれ渦を巻く。正面の「光のカッサ・アルモニカ」は過去と未来の輝きと共に、命の響きをつたえる。刻限が来ると、灯りは消え「アーア〜」とため息が。震災では、ボランティアの活動などで、人と人のつながりが成果を上げ、希望を与える光の祭典は各地に広がった。（中田）

光のアーチに迎えられて

◇所在地/西側旧居留地から東遊園地への東向き一方通行
電話078-303-0038（神戸ルミナリエ組織委員会）
◇交通/ＪＲ元町駅・阪神元町駅東口から徒歩10分（ホームから案内板に従って会場まで歩く。混雑具合で歩行時間は大幅に変わる）
◇時間/点灯、最長午後５時30分頃〜10時（曜日によって変わる）

12月14日【赤穂義士祭】赤穂市

四十七士の行列が赤穂城跡大手門を出発

忠臣蔵の故郷に甦る熱い義士の面影

ＪＲ新快速で播州赤穂駅に着く。駅前に立つと、歓迎アーチや義士祭のハッピを着たスタッフや観光客で賑わっており、ムードも満点である。

赤穂城跡の天守台と大手門の白壁を背景に、山賀流の陣太鼓とテーマソングの音楽が流れ、義士の討入り姿に扮した義士行列や参勤交代の大名行列などが登場すると、市内のお城通り辺りでは、元禄時代にタイムスリップしたように思える。義士祭もこの年（平成十九年）、一〇四回目を迎えた。

午前十時二十分から各種のパレードが始まるが、クライマックスは午前十一時三十分からの大名行列と、午後二時前からの義士行列である。

特に、大手門前で、義士行列の先頭に大石内蔵助良雄が左手に陣太鼓を持って姿を現すと、「内蔵助や」と道路両側の観衆から声がかかったり、拍手が湧いたり。心情は元禄の町衆である。カメラの望遠レンズで内蔵助に扮した人を見ると緊張している様子がわかる。

義士前夜祭の十三日と当日の十四日は、赤穂城跡内、花岳寺、大石邸長屋門、大石神社などでも各種イベントが行われる。十四日は大手門交差点や義士祭本部前広場では、有名ゲストのトークや殺陣の披露もあって楽しいひとときが過ごせる。

「元禄赤穂事件」すなわち「忠臣蔵」は、知らない人がいないくらい有名な出来事であり、日本人の心に響く史実である。事の起こりは、元禄十四年（一七〇一）三月十四日江戸城松の廊下であった。赤穂藩主・浅野内匠頭が吉良上野介に遺恨を持って斬りつけた事件で、翌、元禄十五年十二月十四日に、大石内蔵助はじめ赤穂藩士四十七人が吉良上野介を討ち取り、幕府の不公平な判決に対して、主君への忠誠を果たしたのである。このことが後世に「赤穂義士・忠臣蔵」として、人形浄瑠璃や歌舞伎で演じられたり、近代から現代にかけて、数多くの小説や舞台、映画、テレビドラマとして国民的な人気を博してきた。今でも、毎年十二月中旬になるとテレビで新旧映画が上映されている。

ところで、赤穂と言えば忘れてならないのが、塩の産地として栄えて藩の財政を担ったことである。義士たちの生まれ育った赤穂は〝塩の国〟とも呼ばれ、気候風土に適した入浜塩田で製塩した「赤穂塩」として全国的に知られてきた。昭和三十年頃まで続けられてきたが、今の製塩方法は「流下式枝条架塩田」の「イオン交換膜法」が採用され、広い場所が必要ないので、昭和四十七年（一九七二）からすべてこの方法になっている。

赤穂には播磨灘を望む赤穂温泉がある。四季折々の豊富な海の幸は人気も高い。祭りの後、ちょっと足をのばしてみるのもよいかもしれない。（藤江）

彩を添える赤穂踊り

◇所在地/赤穂市お城通り
電話0791-42-2602（赤穂市観光情報センター）
◇交通/ＪＲ赤穂線播州赤穂駅から徒歩５分
◇時間/午前10時20分～

ツ紙、旅行紙誌等執筆とNHK・民放各局でコメンテーター。教育面では、専門学校でマスコミ、観光、ホテル等、大学で地理、旅行、観光関係法、演習等担当。その他、各地観光セミナー講師、シンポジウム・パネラー。現在、神戸国際大学経済学部環境・観光学科講師、ラジオ関西で旅情報担当。日本ホスピタリティ・マネージメント学会会員。

藤江　宏（ふじえ・ひろし）　1941年岡山市生まれ。奈良県在住。広告代理店クリエイティブ部勤務を経て風景写真家。1980年より大和路の歴史と万葉と入江泰吉氏の写真に魅了され、明日香から風景写真を始める。現在、全国の「万葉歌景色」を撮影取材中。写真集団水門会、日本風景写真協会会員、NHK神戸・大阪・千林文化センター講師。

藤嶽彰英（ふじたけ・しょうえい）　1929年、三重県奥鈴鹿藤原岳山麓生まれ。読売新聞大阪本社で旅行記を書き始めたのをきっかけに、毎週1頁を800回連載する。在社20年で独立、その後も旅をし、旅を書き、旅を語る。04年創立40周年を迎えた旅行ペンクラブ創設メンバーのひとり。旅行ペンクラブ名誉会長、温泉学会顧問、「小宿の会」塾長。

前畠昭博（まえはた・あきひろ）　1958年3月生まれ。学卒後、業界紙記者などを経て、1992年に編集プロダクションを開始。昭文社「温泉450湯」を皮切りに同社「温泉&やど」「安くて良い宿公共の宿」を主にして西日本各地の温泉宿を取材してきた。そのほかJR西日本の広報誌「ブルーシグナル」など旅行関係の取材多数。三五館刊「歩く人のための撮影地ガイド京都・奈良」もある。

松田十泊（まつだ・じゅっぱく）　1943年、大阪市生まれ。神戸大学教育学部卒業後、神戸市小学校教員、コピーライター、新聞記者を経て、80年からフリーライター。大阪新聞に20年間、旅記事を書き続けた。現在のおもなテーマは、「旅と歴史、温泉」。

三浦紘朗（みうら・ひろあき）　1941年広島県尾道市生まれ。全国初の「電話リクエスト」を放送した神戸のラジオ関西に入社し、報道や洋楽番組でアナウンサーを貫く。退職後も、週3本のラジオで旅や音楽を語り、リスナーと交流。遠距離介護は6年目に。

山本純二（やまもと・じゅんじ）　1953年兵庫県洲本市生まれ。JTBで23年間の勤務を経てトラベルライターに。旅行情報誌執筆のかたわら、KBS京都ラジオ番組「旅にいくぞー」（毎週金曜日午後3時～4時35分）にレギュラー出演中。多数の市町村で旅や観光振興をテーマにした講演活動も。ホスピタリティツーリズム専門学校大阪講師。プール学院大学短期大学部講師。OFFICE夢紀行主宰。

吉田益治郎（よしだ・ますじろう）　1936年1月2日、大阪市東区（現・中央区）今橋生まれ。フリーランス・ジャーナリスト。豊能町（もう20年に）在住。AB型。趣味は音楽（演歌以外）、映画（ほとんど仕事）鑑賞。もちろん、旅。味遍路。旅行雑誌やガイドブックなど旅の取材・執筆を中心に、朝日新聞ラジオテレビ欄では365日、映画紹介を担当。NHK神戸文化センターで、日曜カメラ散歩の講師も。

れんげ賞の地域検証取材で足しげく岐阜県下を歩き、旅人の視点で地域を見る大切さを再認識。NGOボランティア組織に加わって毎年ミクロネシアにも通っている。

小山乃里子（こやま・のりこ） 1941年、北海道小樽市生まれ。ラジオ関西アナウンサーを経て、フリーのラジオタレント。ABC朝日放送、ラジオ関西にて、レギュラー番組。著書『結婚するバカ、しないバカ』『パンドラの小箱』ほか。1995年から一期、神戸市会議員。趣味はゴルフ、麻雀、愛犬との散歩。

小山美智子（こやま・みちこ） 横浜に生まれる。7歳で大阪へ。学生時代から戦時体制に入り、京都府立女専（現・京都府立大学）卒後、陽明文庫に就職内定するも、空襲が迫り石川県能登島に疎開、小学校教師で終戦を迎える。戦後民間放送開局に伴いラジオ神戸（現・ラジオ関西）1期生アナウンサー。のち朝日放送に転じ、プロデューサー歴35年。退職後、フリーでコーディネーター、ライターを続ける。

瀬戸寛太郎（せと・かんたろう） 1951年、早稲田大学理工学部卒、新大阪新聞記者を経て、新日本放送（現・毎日放送）入社。技術局、報道局、スポーツ局、事業局等の局長等を歴任、現在社友。在職中、天気の解説放送を立案、民法大賞を受けた。ラジオの交通情報を立案、日本で初めて放送した。著書『キジとキーセント』『猟友紳士録』『テレビがなくなる日』ほか。

椨　泰幸（たぶ・やすゆき） 1934年、鹿児島市生まれ。日本経済新聞社編集委員など歴任。クラシック音楽を中心に美術と旅について新聞、雑誌、インターネットに寄稿。大手新聞社系や地方自治体の文化講座講師、音楽祭審査員、同実行委員など。音楽評論家団体・音楽クリティッククラブ代表幹事、奈良西ロータリークラブ理事（社会奉仕委員長）。日本広報学会、日本音楽学会、民族芸術学会、温泉学会会員。

団田芳子（だんだ・よしこ） 1963年、大阪生まれ。食と笑いをこよなく愛する大阪人らしい大阪人。編集プロダクション「ぺんらいと」主宰。『～大人の食マガジン～あまから手帖』ほかで連載・執筆中。著書に『～泊まって食べて選んだ小さな和の宿～小宿あそび』（クリエテMOOK）、『別冊宝島・中欧読本』（宝島社）ほか。

中田紀子（なかた・のりこ） 1947年奈良県生まれ。エッセイスト。帝塚山大学日本文化学科講師。NHK・朝日・近鉄カルチャー講師。NHKラジオ早朝番組の奈良県リポーターなど仕事は多岐にわたるが、執筆が中心で、数種の雑誌にエッセーや旅記事等、奈良県広報誌に「大和の祭り」を毎月連載。「峠（古）道と文化のかかわり」の追求はライフワークとなり、関連の執筆、講演なども多い。

中野志保子（なかの・しほこ） 1945年、愛媛県生まれ。フリーライター。1989年から2002年までニューヨーク在住。コロンビア大学「インパクト・コミュニティー」修了。ニューヨークにてアメリカ50州の旅、ニューヨーク近郊の旅などを雑誌、情報誌、新聞などに執筆。著書に『ニューヨーク近郊の光と風』（東京書籍）がある。現在インタビュー記事、講演など。

原田年晴（はらだ・としはる） 1959年、大阪市生まれ。ラジオ大阪のアナウンサーとしてすでに21年になる。現在、朝のワイド番組「原田年晴のラジオでおはよう」を担当。また、ライフワークとしてラジオでは珍しい旅番組「原田旅行公社です。」も好評放送中。資格として国内旅行主任者を取得している。

原田　護（はらだ・まもる） 兵庫県生まれ。1973年JAFを離れフリーに。一般紙、スポー

執筆者一覧

井戸　洋（いど・ひろし）　1949年、岡山県生まれ。団塊世代のサラリーマンが一斉にリタイアする2007年以降、日本人の旅にかかわる嗜好、行動様式がどう変わり、社会にどんな影響を及ぼすのかをテーマに探っている。現在、新聞社社員。豊臣秀次を顕彰してその名誉回復を目指すNPO法人「秀次倶楽部」理事。京都市伏見区在住。

井上理津子（いのうえ・りつこ）　1955年、奈良生まれ。フリーライター。著書に『大阪下町酒場列伝』（ちくま文庫）、『大阪おんな自分流』（ヒューマガジン）、構成書に『おおらかな介護力』（リサイクル文化社）など。“人とモノが醸す物語”的な分野を軸に、趣味系の月刊誌などに執筆している。

交野繁野（かたの・しげの）　大阪市生まれ。大阪府立女子（現大阪女子大学）卒業。1951年朝日放送入社、ラジオの教養プロを。TV料理のテキスト『料理手帳』の取材・執筆・編集を担当し定年退社。『味覚地図　大阪・神戸』創元社、『ミセス愛憎版』文化出版局、『暮らしの設計』中央公論社、などの料理・菓子の取材・執筆。女性の食べ歩きグループ「味楽会」にかかわって40年余。

河瀬敦忠（かわせ・あつただ）　1937年神戸市生まれ。大阪労音でコンサート、音楽教室、旅の企画を担当。旅のクラブ「ツアーメイトオオサカ」を創設、株式会社なにわグリーン代表取締役を経て現在に。ブルーガイド『四国』『関西周辺日帰りの旅』など著書多数。最近、ガリシア地方、パース、ミクロネシアなどを歩く。NPO法人・フレンズ・オブ・ミクロネシア会員、温泉学会会員。

木原康又（きはら・こうすけ）　1961年大阪市生まれ。国家公務員、コンピューター会社勤務を経て、旅行ライターに転身。70年代後半から国鉄ローカル線一人旅、海外では南米バス旅行、80年代はヨーロッパ鉄道と主に鉄道とバスの旅にハマる。現在は企業誌で観光地の紹介をはじめ、旅行雑誌などの執筆を行う。趣味は風景写真、パソコンとソフトの製作。

木村真弓（きむら・まゆみ）　11月25日大阪生まれ、フリーアナウンサー&ライター、各地の祭や歴史、自然や暮らしの音を収集。NHKラジオなどで、その土地ならではの「音」を切り口にした旅情報を担当している。雑誌などで旅や街、人にまつわる取材記事も執筆。日本サウンドスケープ協会会員、NPO法人もうひとつの旅クラブ運営委員。

桑原　実（くわはら・みのる）　1935年、京都府生まれ。立命館大学卒業。広告代理店でクリエイティブプロデューサーとして和歌山県・兵庫県・福井県などの文化催事や観光キャンペーンを担当。現在フリー。講演・シンポジウム・執筆などで活躍中。『ふくい宝の旅』『訪ねてみたいふくい新観光ルート200選』の企画制作。『旅の達人がすすめる関西周辺の宿』共著（日本旅のペンクラブ編）。「福井ふるさと大使」在任中。

小嶋忠良（こじま・ちゅうりょう）　1945年岡山県生まれ。ルポライター。著書に『マロンパティの精水～いのちの水の物語～』（PHP研究所）『関関同立学』（共著・新潮社）『関西小さな町小さな旅』（共著・山と渓谷社）など。雑誌『Osera』『グラフおかやま』『鳥取NOW』に執筆。NHK大阪文化センター講師。小嶋出版工房主宰。

小森宰平（こもり・さいへい）　1934年、尼崎市生まれ、神戸新聞社勤務中、旅と関わるようになった。著書は「神戸街歩きガイド」（実業之日本社）ほか多数。ここ数年、岐阜県

豊岡市	10月の土・日曜	大石りくまつり	豊岡市内
豊岡市	11月3日	出石お城まつり	豊岡市出石町
西宮市	1月9～11日	十日えびす	西宮神社
西宮市	1月18・19日	厄除け大祭	門戸厄神（東光寺）
西宮市	3月15・16日	めぐみ廣田の大祭り	廣田神社
西宮市	5月18日	融通観音大祭	甲山神呪寺
西宮市	5月最終日曜	めぐみ廣田の大田植え	廣田神社
西宮市	6月14日	おこしや祭り	西宮神社
西宮市	11月19日	人形供養	門戸厄神（東光寺）
姫路市	1月上旬日曜	全国凧あげ祭り	姫路公園競馬場
姫路市	1月18日	鬼追い会式（圓教寺修正会）	書寫山圓教寺
姫路市	3月最終土曜	武神祭	魚吹八幡神社
姫路市	3月31日	三ツ山大祭	播磨国総社・射楯兵主神社
姫路市	6月22・23日	姫路ゆかたまつり	長壁神社
姫路市	7月24・25日	家島神社夏祭り	家島神社
姫路市	8月第1金～日曜	姫路お城まつり	姫路城周辺
姫路市	10月14・15日	大塩の獅子舞（秋季例大祭）	大塩天満宮
姫路市	10月14・15日	灘のけんか祭り	松原八幡神社
姫路市	10月21・22日	ちょうちんまつり	魚吹八幡神社
姫路市	11月15日	御柱祭	廣峯神社
美方郡	1月28日	百手の儀式	平内神社
美方郡	4月第3日曜	秋葉神社春の例祭	秋葉神社
美方郡	5月3日	三川権現大祭	三川権現社
美方郡	6月第1日曜	湯村温泉まつり	荒湯地蔵尊
美方郡	6月5日	但馬久谷の菖蒲綱引き	久谷聚落
美方郡	8月14・15日	丹土はねそ踊	新温泉町丹土
美方郡	8月14・15日	海上傘踊り	新温泉町海上
美方郡	9月15日	久谷ざんざか踊り	久谷八幡神社
美方郡	10月8日	浜坂麒麟獅子舞	宇津野神社
美方郡	12月第1日曜	かすみカニ場まつり	香住漁港西港
三木市	10月第1日曜	ヤホー神事	若宮神社
南あわじ市	3月23日	五尺踊り・天明志士春季大祭	大宮寺
南あわじ市	4月第1土・日曜	春祭り	福良八幡神社
南あわじ市	5月3・4日	春祭り	沼島八幡神社
南あわじ市	9月15日頃	阿万風流大踊小踊	亀岡八幡神社
養父市	4月15・16日に近い土・日曜	お走りまつり	養父神社
養父市	8月16日	若杉ざんざか踊り	若杉三社神社

神戸市中央区	旧暦７月13～15日	盂蘭盆法要	関帝廟
神戸市中央区	12月中の12日間	神戸ルミナリエ	旧外国人居留地・東遊園地
神戸市長田区	１月１～３日	三社まいり	生田・長田・湊川神社
神戸市長田区	２月３日	追儺会	長田神社
神戸市灘区	春分の日	摩耶詣祭	摩耶山天上寺
神戸市灘区	５月８日	仏母会・花会式	摩耶山天上寺
神戸市灘区	５月上～中旬	だんじり祭り	神戸市灘区
神戸市東灘区	５月上～中旬	だんじり祭り	神戸市東灘区
神戸市西区	１月７日	追儺会	太山寺
篠山市	１月１日	元朝能　翁の神事	篠山・春日神社
篠山市	４月中旬土・日曜	例祭	王地山稲荷社
篠山市	８月第１土・日曜	波々伯部神社祇園祭	波々伯部神社
篠山市	８月15・16日	丹波篠山デカンショ祭	篠山城跡三の丸広場
篠山市	10月中旬土・日曜	秋季大祭・鉾山巡行	篠山・春日神社
三田市	11月23日	百石踊り	駒宇佐八幡神社
宍粟市	９月17日	チャンチャコ踊り	横山神社
洲本市	２月11日	ねり子まつり	由良湊神社
洲本市	８月第１金～日曜	淡路島まつり	洲本市市街地
高砂市	５月21日	尉姥祭（お面掛け神事）	高砂神社
高砂市	６月30日	輪ぬけ祭	曽根天満宮
高砂市	７月７～13日	祇園祭	高砂神社
宝塚市	２月３日	星祭節分会	中山寺
宝塚市	４月27・28日	春季三宝荒神大祭	清荒神清澄寺
宝塚市	５月５日	子供まつり	中山寺
宝塚市	８月９日	星下り大会式	中山寺
宝塚市	８月14日	ケトロン祭	宝山寺
たつの市	春分の日	龍野ひな流し	龍野町揖保川河川敷
たつの市	４月第１日曜	龍野武者行列	たつの市龍野町内
たつの市	４月上旬の土・日曜	小五月祭	賀茂神社
たつの市	８月14・15日	さいれん坊主	井関三神社・恩徳寺
たつの市	10月19・20日	梛八幡神社獅子舞	梛八幡神社
丹波市	２月17・18日	厄除大祭	柏原八幡宮・厄除神社
丹波市	３月第３日曜	春の大祭	首切地蔵尊
丹波市	８月３日	本郷の川裾祭	椋の木公園
丹波市	８月23・24日	愛宕祭	氷上町成松中央小学校周辺
丹波市	10月10日前後の土・日曜	青垣翁三番叟	寺内八幡神社
豊岡市	３月17～19日	出石初午大祭	稲荷神社
豊岡市	４月第３日曜	橘菓祭（菓子祭）	中嶋神社
豊岡市	４月23・24日	城崎温泉まつり	温泉寺・四所神社
豊岡市	５月５日	幟まわし	出石神社
豊岡市	９月第３土曜	但州湯島の盆	城崎温泉
豊岡市	10月14・15日	城崎だんじり祭	四所神社
豊岡市	10月20日	出石神社例祭	出石神社

『兵庫の祭』地域別一覧

地名	日程	祭の名前	開催場所
相生市	5月最終日曜	相生ペーロン祭	相生湾競漕会場
明石市	3月25日	雛形祭	休天神社
明石市	7月第3日曜	おしゃたか舟神事	岩屋神社
明石市	体育の日直前の第1土・日曜	秋祭り	稲爪神社
赤穂市	10月第2日曜	船渡御祭	大避神社
赤穂市	10月15日直後の日曜	頭人行列	赤穂八幡宮
赤穂市	12月14日	赤穂義士祭	赤穂市
尼崎市	1月1日	初詣で	尼崎市寺町
尼崎市	8月1・2日	だんじりまつり	貴布禰神社
淡路市	1月1～3日	元旦祭	伊弉諾神宮
淡路市	4月第2日曜	はしご獅子	伊勢の森神社
淡路市	4月20～22日	伊弉諾神宮御例祭	伊弉諾神宮
淡路市	5月5日	伊勢久留麻神社例祭（春祭）	伊勢久留麻神社
淡路市	9月第3日曜	水かけ祭り	事代主神社
揖保郡	2月22・23日	太子会式	斑鳩寺
揖保郡	8月15日	原のお盆火祭り	大歳神社
加古川市	1月8日	修正会・鬼追い	鶴林寺
加古川市	9月13～15日	大念仏会	教信寺
加西市	1月8日	田遊びと鬼追い	東光寺
加西市	4月第1土・日曜	北条節句祭	住吉神社
加西市	8月8日	羅漢寺千灯会	羅漢寺
加東市	5月3日	光明寺花まつり	五峰山光明寺
加東市	5月5日	鬼追踊	朝光寺
加東市	10月4・5日	神事舞	上鴨川住吉神社
神崎郡	9月上旬の日曜	甘地の獅子舞	甘地八幡神社
神崎郡	10月第3日曜	とんぼ祭り	日吉神社
神戸市北区	1月2日	有馬温泉入初式	温泉寺～有馬小学校講堂
神戸市北区	2月3日	トテコロ神事	山王神社
神戸市北区	9月最終日曜	神幸祭	湯泉神社
神戸市北区	11月2・3日	有馬大茶会	瑞宝寺公園ほか
神戸市須磨区	1月14日	翁舞神事	車大歳神社
神戸市垂水区	1月5日	修正会鬼追い式	多聞寺
神戸市垂水区	海の日を含む土～月曜	夏祭	海神社
神戸市垂水区	10月12日	海上渡御祭	海神社
神戸市中央区	1月1～3日	三社まいり	生田・長田・湊川神社
神戸市中央区	1月下旬から2月中旬	春節祭	神戸元町南京街界隈
神戸市中央区	4月15日	生田祭・神幸祭	生田神社
神戸市中央区	5月第3金～日曜	神戸まつり	神戸市中央区ほか
神戸市中央区	5月24～26日	楠公祭	湊川神社

掲載社寺等索引

【あ行】

【か行】

【さ行】

写真提供
口絵　2ページ「お走りまつり」：養父神社
　　　4ページ「灘のけんか祭り」：幡中義嗣
本文　11ページ：尼崎市広報課
　　　20ページ：加西市観光まちづくり協会
　　　24ページ：早川　満
　　　25ページ：早川　満
　　　42ページ：大石　勲
　　　54ページ：淡路島観光連盟
　　　60ページ：温泉町観光協会
　　　62ページ：淡路市観光政策課
　　　78ページ：大石　勲
　　　97ページ：明石市観光振興課
　　　104ページ：淡路島観光連盟
　　　105ページ：淡路島観光連盟
　　　161ページ：廣峯神社

兵庫の祭

2008年9月3日　初版第1刷発行

編　者――旅行ペンクラブ
〒530-0001 大阪市北区梅田1-3-1-8F
休暇村大阪センター内
Tel.06-6343-0466　Fax.06-6343-0134

発行者――今東成人

発行所――東方出版㈱
〒543-0052 大阪市天王寺区大道1-8-15
Tel.06-6779-9571　Fax.06-6779-9573

装　幀――濱崎実幸

印刷所――亜細亜印刷㈱

落丁・乱丁はおとりかえいたします。

ISBN978-4-86249-126-8